지구를 사랑하는 어린이를 위한 생물학 동화

최재천의 동물대탐험

5. 황제펭귄의 행진

최재천 기획 · 황혜영 글 · 박현미 그림 · 안선영 해설

서문

저는 어려서 타잔을 흠모했습니다. 그림처럼 황홀한 숲속 트리 하우스에 살며 배고프면 그저 손 뻗어 바나나를 따 먹고, 땀 나면 호수에 풍덩, 위험하면 두 손 모아 "아아~아아~" 부르면 코끼리 떼가 달려오고 천국이 따로 없어 보였습니다. 하지만 타잔 동네는 비행기를 타고 가야 하는 아주 먼 열대 정글이라는 사실을 알아내곤 저는 깊은 실망에 빠졌습니다. 그러던 어느 날《허클베리 핀의 모험》을 읽고는 뗏목을 만들어 강을 따라 여행하며 모험을 즐기고 싶었습니다. 하지만 저는 주정뱅이 아버지 슬하에서 크는 것도 아니어서 딱히 가출할 명분이 없었습니다. 그래서 선택한 제 삶은 말하자면《톰 소여의 모험》이었습니다.

학교가 파하면 동네 아이들은 언제나 우리 집 대문 앞으로 모여들었습니다. 제가 나와 '오늘의 놀이'를 정해 줘야 드디어 동네가 활기를 띠기 시작했습니다. 다방구, 말뚝박기, 망까기, 기마전, 술래잡기, 무궁화꽃이피었습니다 등등. 이렇게 적어 놓고 보니 퍽 다양한 것처럼 보이지만 허구한 날 비슷비슷한 놀이를 반복하는 게 지겨워 저는 자주 놀이의 규칙을 조금씩 바꾸곤 했습니다. 그러다 보면 이웃 동네 아이들이 하는 놀이와는 상당히 다른 우리들만의 놀이가 탄생하기도 했습니다. 제가 생물학자가 되지 않았더라면 지금쯤 어쩌면 게임 회사를 차려 거부가 되었을지도 모릅니다.

돌이켜 보면 그때 우리는 비록 풍족하지는 않았지만 즐거웠던 것 같습니다. 동네 구석구석이 지저분하고 오물 냄새도 진동했지만 조금만 벗어나면 공터도 있고 개천도 흘렀습니다. 조금 헐벗었지만 제법 풋풋한 자연이 우리 곁에 있었습니다. 친구들과 몰려다니며 올챙이, 방아깨비, 풀무치도 잡고, 동네를 돌며 거미줄을 잔뜩 모아 그걸로 잠자리도 잡곤 했습니다. 이 지구 생태계를 공유하고 사는 다른 생명들과 함께 부대끼며 살았습니다.

그런데 지금 우리 아이들은 자연과 철저하게 격리된 삶을 살고 있습니다. 게다가 코로나19 팬데믹으로 인해 그나마 간간이 엄마 아빠와 함께 가던 동물원, 식물원 그리고 바닷가도 마음 놓고 가 보지 못했습니다. 전염병 전문가들의 예측에 따르면 우리 인간이 자연과의 관계를 제대로 정립하지 않으면 앞으로 팬데믹과 같은 재앙을 점점 더 자주 겪게 될 것이랍니다. 우리 아이들이 이담에 커서 안정적인 직장을 갖고 편안하게 살아가려면 이른바 '국영수' 공부도 중요하겠지요. 그러나 만물의 영장이라고 거들먹거리던 우리는 이번에 삶과 죽음의 갈림길에 던져졌습니다. 과학 문명의 시대에 어떻게 이런 일이 일어났을까요? 우리는 이번에 분명히 배웠습니다. 아무리 과학기술이 발달해도 기후 변화가 멈추지 않는 한 우리는 앞으로 종종 죽고사는 문제에 부딪히고 말 것이라는 사실을.

공교육이라면 당연히 국영수만 가르칠 게 아니라 자연에 대한 감수성도 키워 줘야 하지만, 그걸 넋 놓고 기다릴 수 없어 제가 이번에 《최재천의 동물 대탐험》이라는 동화 시리즈를 기획했습니다. 저는 평소에 늘 "배우는 줄도 모르며 즐기다 보니 어느덧 배웠더라" 하는 교육이 가장 훌륭한 교육이라고 떠들어 왔습니다. 그냥 흥미로워서 읽다 보면 저절로 우리와 함께 이 지구에 살고 있는 동물들에 대해서 알게 되고 자연스레 자연의 섭리도 깨우쳐 보다 현명한 사람으로 성장하리라 기대합니다.

이번에는 비글호가 황제펭귄을 만나러 남극에 갑니다. 황제펭귄은 하필 그 추운 남극 대륙에서 짝짓기를 하고 새끼를 낳아 기를까요? 다른 펭귄들처럼 조금은 덜 험악한 아르헨티나, 남아프리카공화국, 뉴질랜드 등에서 번식하고, 먹이 사냥을 위해 한동안 남극에 와서 살아도 될 것 같은데 굳이 그 추운 곳에서 내내 사는 걸까요? 개미박사와 우리 어린 친구들은 황제펭귄의 행동과 생태를 연구하러 우리나라 극지연구소의 장보고기지를 방문합니다.

2022년에는 지구온난화로 인해 남극의 해빙이 녹는 바람에 무려 1만 마리의 새끼 황제펭귄이 목숨을 잃은 사건이 발생해 그들의 환경을 어떻게 개선해 줄 수 있을지 연구해야 합니다. 이 책을 읽는 우리 어린 친구들 중에는 어른이 되어 직접 남극에 가서 황제펭귄을 연구하고 싶어 하는 용감한 친구도 있겠지만, 남극에 가지 않더라도 황제펭귄 보전을 위해 할 수 있는 일은 많습니다. 매일매일의 생활 속에서 할 수 있는 크고 작은 일들을 찾아 열심히 함께 했으면 좋겠습니다.

등장인물

개미박사

동물의 생태와 행동을 연구하는
생태학자이자 동물행동학자.
'재단'으로부터 특별한 임무를
부여받고 비밀리에 활약 중이다.
하늘을 나는 비글호를 타고 아이들과
함께 정글과 바다를 종횡무진 누빈다.
이번 남극 탐험에서는 죽음의 위기에
놓인 황제펭귄 무리를 발견하고
깊은 고민에 빠진다.

다윈박사

인공 지능 인격체이자 '비글호'의 메인 프로그램.
약 200년 전 살았던 과학자 '찰스 다윈'의
인격과 지식을 바탕으로 만들어졌다.
목소리와 색깔을 자유자재로 바꿀 수 있지만,
홀로그램 장치에 갇혀 산다. 방대한 지식의
데이터베이스로 비글호 항해에 도움을 준다.

아라
미리보다 한 살 어린 동생. 씩씩한 태권 소녀지만, 마음이 여리고 동정심이 많다. 길 잃은 동물을 그냥 지나치지 못하고 주워 오는 버릇이 있다. 이번 탐사에서 이 버릇 때문에 한바탕 소동이 벌어진다.

와니
엉뚱함과 호기심, 유머 감각이 가득한 10살 소년. 이것저것 할 줄 아는 것도 많고, 해 보고 싶은 것도 많다.

호야
호기심 많고 똘똘한 10살 소년. 독서를 좋아하고, 기억력이 뛰어나서 호야를 닮은 AI가 있다면 참 좋을 것 같다는 생각이 들 때가 많다.

미리
동물을 사랑하고 환경보호에 관심이 많은 11살 소녀. 살아 있는 모든 생명을 사랑하고, 동물과 대화하기를 즐긴다. 동물과 대화하는 능력을 키우기 위해 감각에 집중하는 연습을 하는 중이다.

차례

❦ 서문 ❦ 4
❦ 등장인물 ❦ 8

프롤로그 ❦ 12
1. 남극 캠프 ❦ 18
2. 펭귄 수트 ❦ 32
3. 돌멩이 알 ❦ 46
4. 눈 폭풍 ❦ 62

 # 프롤로그

2022년 11월, 남극 대륙 서쪽 벨링스하우젠해 스마일리섬 부근. 기록 영상 재생이 시작되었다.

이곳은 남극이다. 봄과 여름을 다 합쳐 봤자 채 몇 달이 안 되고, 한여름에도 얼음은 여전히 녹지 않는다. 사방을 둘러봐도 온통 눈과 얼음뿐, 초록이라고는 눈을 씻고 찾아봐도 없다.

당연히 얼음으로 뒤덮인 이 땅에 살아 움직이는 건 아무것도 없지만….

뒤뚱뒤뚱, 뒤뚱뒤뚱, 뒤뚱뒤뚱.

멀리 검정 코트를 단단히 여민 채 한 줄로 언 땅 위를 걸어가는 행렬이 보인다. 매서운 바람에도 아랑곳하지 않고, 오직 앞사람 머리통만 바라보며 끝도 없이 줄지어 행진하고 있다.

미끌, 미끌, 쾅! 쿠다당!

그들 중 하나가 우스꽝스러운 모습으로 넘어진다. 그러자 도미노처럼 와르르 한 줄이 무너져 버린다. 바닥에 쿵 하고 넘어지나 싶었는데 그대로 배를 대고 엎드린 채 지느러미 날개를 저어서 간다.

그렇다. 황제펭귄들이다. 한겨울에 남극 대륙에서 이동하는 동물은 오직 황제펭귄뿐이다. 약속에 늦기라도 한 것처럼 뒤뚱뒤뚱 얼음 위를 열심히 걸어간다. 다리가 짧아 더디지만, 결코 쉬는 법은 없다. 왜냐면, 아기들이 굶고 있기 때문이다.

뚜루루루, 뚜루룩, 뚜루루 뚜뚜뚜!

황제펭귄의 울음소리는 꼭 하늘을 향해 부는 트럼펫 소리 같다. 표정을 알 수 없는 까만 눈, 양쪽 귀를 덮은 황금빛 깃털, 항아리처럼 통통하게 부풀어 오른 몸. 황제펭귄들은 신선한 물고기로 제 몸을 가득 채웠다. 얼음 땅에서는 먹을 것을 구할 수가 없기에 며칠이나 힘들게 얼음 위를 걸어 바다로 간다. 황제펭귄들은 아기들을 위해 살아 있는 물고기 냉장고가 된다.

쉬이이잉, 슈우우웅~.

매서운 바람이 불어오자, 얼어붙은 눈가루가 단단한 모래처럼 몸을 때린다.

바로 저기야. 우리의 보금자리.

사방에 나무 한 그루 없고, 지도도, 표지판도 없지만, 펭귄들은 절대 길을 잃지 않는다. 조상 대대로 그곳에서 알을 낳고, 품고, 새끼를 길렀기 때문이다. 황제펭귄들은 빙벽*들의 모양을 하나하나 다 기억한다.

멀리 푸른빛의 빙벽이 보이기 시작했다. 드디어 굶주린 아기들에게 밥을 줄 수 있다. 그런데 사방

*빙벽: 빙산의 벽.

이 너무나 조용하다.

뚜루루루루루루루!

맨 앞에 서서 걸음을 재촉하던 황제펭귄 하나가 뭔가 이상함을 감지하고 길게 울었다. 펭귄들의 울음소리가 온 사방에 울려 퍼졌다. 마치 거대한 거인처럼 딱 버티고 서서, 남극의 칼바람을 막아 주던 빙벽이 왜 저렇게 작아졌을까?

쩌어억! 쿵! 우르르륵! 쾅!

꽈르릉!

더 이상 버티지 못하고 황제펭귄들이 디디고 선 땅이 쩍쩍 갈라지기 시작했다.

풍덩! 풍덩! 풍덩!

얼음 위를 줄지어 걷던 펭귄들은 하나둘 바다로 뛰어들었다. 얼음 조각을 헤치며 새끼들에게 다가가려는 것이다. 그런데 아무도 없다. 아기들의 노래도 들리지 않는다. 뭔가 이상하다. 완전히 잘못됐다.

아기들은 모두 어딨지? 여기가 어디야? 이게 다 무슨 일이지? 겨우내 우리가 알을 품었던 그 단단한 얼음 땅, 우리들의 보금자리는 어떻게 되었지?

기록 영상은 거기에서 끝이 났다. 류는 한동안 말을 잇지 못했다. 화면을 가득 채운 검은 바닷물만 바라볼 뿐이었다. 한참 뒤, 류가 입을 열었다.

"약 1만 마리의 새끼들이 모두 익사한 사건입니다. 엘니뇨 현상으로 예상보다 빠르게 남극의 얼음이 녹아 버렸고, 새끼 펭귄들은 털갈이 전이라 헤엄을 칠 수 없었던 것으로 짐작됩니다."

류는 눈물을 꾹 참고 겨우 보고를 마쳤다. 모니터 속 백발의 여성은 류의 보고를 전해 듣고 한참 동안 아무 말이 없었다. 두 사람의 침묵이 너무 깊어서, 지구가 천천히 회전하는 소리나 개미가 더듬이로 길을 가늠하는 소리까지 들리는 것 같았다.

"더 이상 기다릴 시간이 없어요. 당장 개미박사에게 연락하세요."

마침내 백발의 여성이 입을 열었다. 부드럽고 단호한 목소리로 덧붙였다.

"이 사건을 자세히 조사해 봐야겠어요. 우리 모두 이 일에 책임이 있어요."

"네."

류가 대답했다.

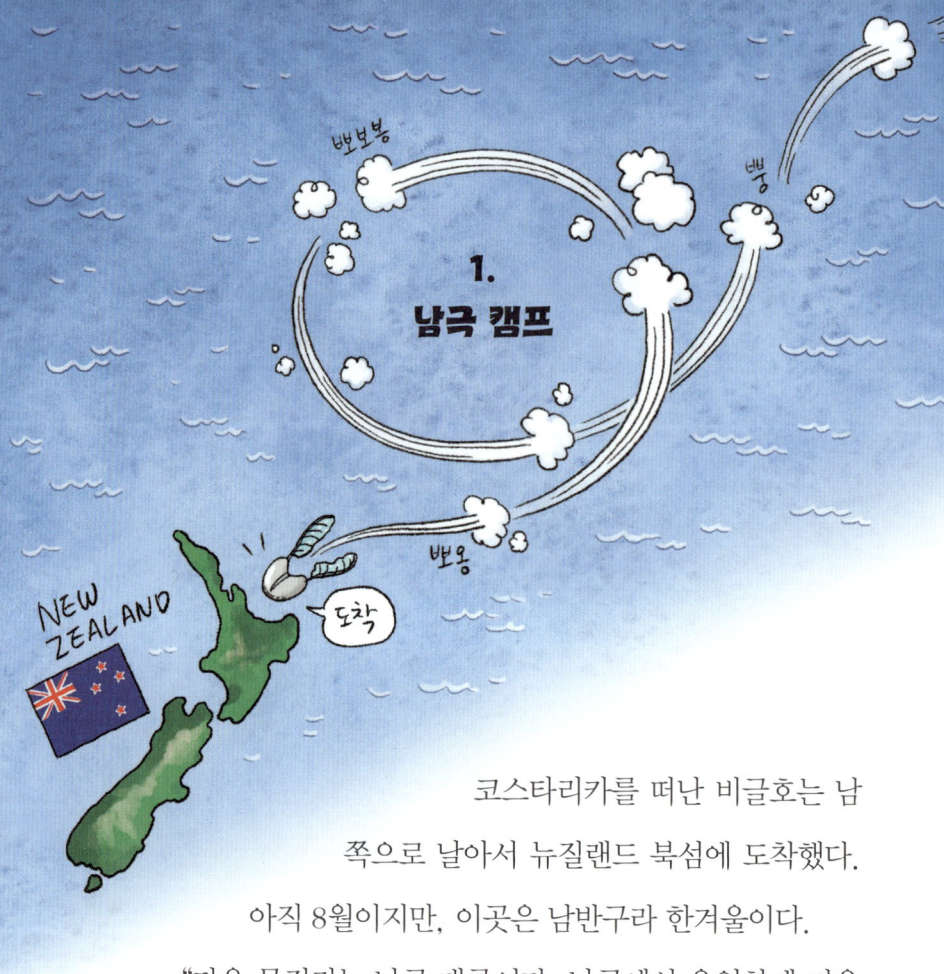

1. 남극 캠프

코스타리카를 떠난 비글호는 남쪽으로 날아서 뉴질랜드 북섬에 도착했다. 아직 8월이지만, 이곳은 남반구라 한겨울이다.

"다음 목적지는 남극 대륙이다. 남극에서 유일하게 겨울에 번식하는 황제펭귄을 조사하기 위해서지. 이번 임무는 새끼 황제펭귄의 번식과 성장을 기록하고 조사하는 것이다. 요즘 남극 생태계에 급격한 변화가 벌어지고 있거든. 안 좋은 쪽으로."

개미박사님이 지도와 사진 자료를 보여 주며 가라앉은 목소리로 말했다.

"황제펭귄이요? 펭귄 중에서 가장 큰 펭귄 말이죠?"

와니가 반갑게 물었다. 펭귄이라니, 아이들은 모두 펭귄을 좋아한다!

"남극은 한겨울인데, 이런 때 새끼를 낳는다고요? 대체 얼마나 추운데요?"

"영하 60도쯤? 상상할 수 없을 정도로 춥지. 경험해 보기 전에는 아무리 말해 줘도 모를 거야."

"근데 여기 내려서 뭐 하는 거예요?"

"이곳에서 비글호를 남극 캠프로 개조할 거야. 그리고 여러 가지 보급품도 지원받고 말이지. 남극은 혹독한 환경이라서 만반의 준비가 필요하단다."

비글호는 작은 공항에 착륙했다. 재단에서 나온 두 사람이 기다리고 있었다. 통통한 곱슬머리 아저씨 이름은 라울, 눈매가 날카로운 쪽은 류라고 했다.

"그동안 서식지를 조사하고 기록한 자료입니다."

"이번 임무가 부디 헛되이 끝나지 않아야 할 텐데요."

"기후 위기는 재앙 그 자체입니다. 특히 황제펭귄에게는요."

개미박사님과 두 아저씨는 심각한 얼굴로 대화 중이었다. 비글호는 거대한 컨테이너 박스로 들어갔다. 남극 환경에 맞게 개조하려는 것 같았다.

아이들은 두 사람을 따라 의류와 식료품 보급 창고로 갔다. 그곳은 그냥 허름한 재활용 센터 같았다. 뭔가 대단한 장비와 도구를 상상했는데 실망이다! 아이들은 모두 포동포동한 주황색 방한복으로 갈아입었다.

"어휴, 더워. 땀이 뻐질뻐질 난다. 이렇게까지 입어야 해?"

"우리 뭐 뭐 챙겨요? 먹고 싶은 것, 다 가져가도 돼요?"

아라가 흥분해서 물었다.

"안 돼. 꼭 필요한 것만. 너희를 골탕 먹이려는 게 아니라, 정말로 남극까지 가려면 반드시 필요한 것만 챙겨 가야 해. 비글호 무게를 줄여야만 하거든. 차차 알게 되겠지만, 그곳에서 생활하자면 '물건'이 얼마나 소중한지 깨닫게 될 거다."

결국 아이들이 고른 물품은 모두 반납대로 다시 돌아가고 말았다. 쳇. 그래도 엉뚱하게 살아남은 물건들이 있었으니 그건 나중에 차차 소개하겠다.

비글호 안에서 하룻밤을 자고 일어나자, 놀랍도록 맑은 하늘

이 펼쳐져 있었다. 남극의 7월과 8월은 한겨울로 매일같이 사나운 눈 폭풍이 몰아치기 때문에 이렇게 맑은 날일 때 잽싸게 출발해야 한다며 비글호는 바로 항해를 시작했다.

약 12시간 후, 비글호 아래로 온통 하얀 얼음으로 덮인 땅이 보이기 시작했다. 그곳이 우리의 탐사가 시작될 남극 대륙이었다.

"와, 바닷물은 검고, 땅은 온통 하얗네."

"땅에 초록색이 하나도 없어."

"움직이는 것도 없어. 동물도, 사람도 없어."

"저 아래 독특하게 생긴 파란 지붕 건물은 뭐예요?"

"장보고과학기지. 남극에 두 번째로 세워진 우리나라 과학기지란다."

"우리도 저곳에 머무르는 건가요?"

"아니. 우린 남극 캠프로 개조한 비글호에서 지내게 될 거야. 물론 비상사태를 위한 대피소도 있지. 장보고기지는 만일을 대비한 우리의 보급품 기지야."

비글호는 온통 눈으로 뒤덮인 활주로에 부드럽게 착륙했다. 개미박사님의 착륙 기술이 나날이 발전하고 있으니 다행이다.

아이들은 처음으로 남극 땅을 밟아 보았다. 나무도, 흙도,

사람도, 움직이는 동물도 안 보이니 꼭 꿈속에 들어와 있는 기분이었다.

"사실 이곳은 땅이 아니라 바다야. 우린 바다 얼음 활주로에 내린 셈이지."

겨우내 녹지 않는 얼음 위, 멀리 거대한 빙벽들이 바람을 막아 주는 곳이 앞으로 세 달간 비글호가 머물 곳이었다.

"헐. 얼음이 깨져서 비글호가 풍덩 빠지면요? 무서워요."

아이들이 질색하자, 개미박사님은 미소를 지으며 대답했다.

"남극 기온은 1년 내내 영상으로 올라가지 않아. 얼음이 깨져서 비글호가 빠질 염려는 없지. 이 단단한 얼음 땅이 잘 버텨 줘야 황제펭귄들도 무사히 번식을 마칠 수 있단다."

아이들은 부디 얼음 땅이 녹지 않길 바라며 착륙 준비를 했다. 다리가 후들거리는 건 기분 탓일 거야.

"우리는 그저 방문객일 뿐이고, 남극의 진짜 주인은 펭귄과 대왕고래, 갈매기와 물범이라는 걸 잊지 말아야 해."

개미박사님은 진지한 얼굴로 말했다. 눈과 얼음 외에는 아무것도 보이지 않는 이 땅의 주인을 어서 빨리 만나 보고 싶다는 생각이 들었다. 200년 전 비글호를 타고 세계 일주를 했던 다윈박사님도 남극 탐험은 처음이라 잔뜩 흥분해 있었다.

"남극 캠프에서는 모든 걸 자급자족하고, 우리의 흔적을 남기지 말아야 해. 모든 걸 아끼고 재활용하는 게 원칙이다. 어딜 가든 2인 1조로 움직이는 것도 잊지 마. 그리고 늘 나를 활성화시키고!"

다윈박사님은 침을 튀기며 잔소리를 시작했다. 변덕스러운 남극 날씨 탓에 혼자서 다니는 건 금지다.

"자, 그럼 비글호 남극 캠프 대원들에게 각자 일을 분담하겠다."

방한 외투를 잔뜩 껴입은 모습의 다윈박사님이 지시를 했다. 와니와 미리는 에너지팀, 호야와 아라는 식수팀 임무를 맡게 되었다. 비글호 선원들은 명령에 따라 일사불란하게 움직이려고 했지만, 혹한의 환경에서는 뭐 하나 쉬운 게 없었다.

"으아악, 나 방금 칼바람에 정통으로 맞은 거 같아."

와니가 코를 움켜쥐며 부르르 떨었다. 아이들은 엄살 부리지 말라며 웃었지만, 정말로 아이들의 코털은 모두 바사삭 얼어붙었다!

"호야, 너 눈썹이 하얘. 산신령같이."

"넌 뺨에 성에 끼었어. 설탕 발랐냐?"

"나 귀 두 개 맞지? 내 귀가 아닌 것 같아."

아이들은 낯설 정도로 엄청난 이 추위를 어떻게 받아들여야 할지 몰랐다.

"이건 눈 발전기라는 거다. 눈을 녹여서 물로 만든 다음에, 물을 수소와 산소로 분해하면, 수소를 연료로 사용해서 에너지를 얻을 수가 있지."

"오, 정말 멋진 기계네요. 전자동인가요?"

"아니. 그럼 너희 둘이 왜 필요하겠냐?"

맙소사. 에너지팀이라는 멋진 이름과는 달리 와니와 미리가 할 일은 눈 발전기의 컨테이너 용기에 쉴 새 없이 눈을 퍼 담는 일이었다.

"헥헥헥, 이번엔 눈 퍼 담기 노예선 체험인가?"

"똥 당번의 악몽이 떠오르는걸."

식수팀 아라와 호야에게 주어진 장비는 작은 망치와 썰매가 전부였다.

"우리 둘이 타기에는 썰매가 아무래도 좀 작은데요?"

"바닷물을 식수로 바꾸는 최첨단 담수화 장치는 어디에 있나요?"

아라와 호야가 기대에 부풀어 질문했지만, 개미박사님은 그저 손가락을 들어 저 먼 곳을 가리킬 뿐이었다. 그때부터 슬슬 불길한 예감이 몰려왔다.

"엄청나게 큰 빙산이네요. 5층 건물 높이쯤 될 것 같아요."

아라는 멋진 풍경에 신이 났다. 그런데 그것이 바로 식수팀이 일해야 할 곳이었다. 오염되지 않은 깨끗한 빙산을 찾아 얼음 조각 캐 오기, 그게 임무였다.

"역시나 우리가 타기에는 눈썰매가 너무 작다 싶었어."

눈썰매를 타지 못하게 된 호야는 눈밭을 걸으며 투덜거렸다. 눈썰매에는 빙산에서 캐낸, 커다란 얼음 조각들이 실렸다.

"바닷물이 얼어붙은 것과 눈이 쌓여 얼어붙은 것을 구분할 줄 알아야 한다. 바닷물에는 염분이 있어서 식수로 활용할 수 없으니."

다윈박사님은 도와주지도 않으면서 얄밉게 여러 잡지식만 늘어놓았다.

"도와주고 싶지만 말야, 보다시피 난 홀로그램이잖니. 정말 안타깝구나."

후루루룩, 짭짭짭짭짭.

남극 대륙에 도착해서 처음으로 먹은 음식은 역시나 개미박사님표 특식 라면과 통조림 김치였다. 몇만 년 된 얼음을 녹여 끓인 라면이니까 그 맛이 어땠을지는 상상에 맡기겠다. 남극 캠프에 오자마자 고된 노동에 시달린 아이들이 살짝 후회하려던 찰나, 개미박사님의 특식 라면과 깜짝 디저트를 보자 그만 감동하고 말았다.

"우와, 이게 뭐예요? 팥빙수?!"

개미박사님이 준비한 그릇에는 우유와 팥으로 장식한 얼음빙수가 담겨 있었다. 비글호에 실은 보급품 중에 엉뚱하게도 팥 통조림이 끼어 있었던 것이다.

"수만 년 전 빙하로 만들었으니 팥빙산이 더 어울릴 것 같구나. 여기 곁들이면 기가 막힌 디저트가 하나 더 남아 있단다. 이건 눈으로 맛보는 디저트!"

개미박사님은 불을 껐다. 메인 홀이 어두워지자 조종실의 유리창 전체가 거대한 화면으로 변했다. 맙소사, 어두운 밤하늘에서는 형형색색 오로라가 펼쳐지고 있었다!

"지금 남극은 하루 중 4시간만 낮이고, 내내 어두운 밤이란다. 이런 현상을 극야라고 하지. 곧 남극의 봄이 오면, 점점 낮이 길어지는 걸 경험하게 될 거야."

아이들은 팥빙산을 먹으며 말없이 오로라를 감상했다. 아무리 봐도 질리지 않았다. 어떤 영화나 게임보다 재밌었다. 세상에 이렇게 아름다운 게 또 있을까?

"밝을 때 움직이고, 어두워지면 잠들던 자연스러운 시간 감

2.
펭귄 수트

"우리가 탐험할 장소는 케이프 워싱턴 보호구역이다. 황제펭귄 수천 마리가 겨울을 나며 집단으로 번식하는 곳이지."

아침 식사를 마친 후, 아이들은 모두 개미박사님 연구실로 집합했다. 개미박사님은 알록달록한 위장복 옷장을 열어 펭귄 수트를 한 벌씩 나누어 주었다.

"헤헷, 펭귄 수트라니 꼭 연미복 같네요."

"우리는 최대한 펭귄 무리에 자연스럽게 섞여야 한단다. 오늘부터 펭귄으로 위장하고 녀석들의 생활을 기록하는 거다."

펭귄 수트는 특수 섬유로 제작된 위장복이었다. 대체 몇 겹

인지는 알 수 없었지만, 펭귄 수트를 입자 모두 허리둘레가 세 배쯤으로 늘어났고, 눈사람처럼 땅딸막하고 통통한 몸매가 되었다. 아이들은 배 주머니에 그날 먹을 주먹밥을 하나씩 챙겼다.

그때였다. 복도에서부터 멍멍멍, 왈왈왈, 깟깟깟, 익숙한 소리가 들려왔다.

"어? 저게 뭐야? 썰매견이다!"

"다리가… 너무 짧은데?"

멋진 회백색 털을 휘날리며 등장한 썰매견 두 마리는 개비박사님의 닥스훈트 반려견, 강치와 제비였다. 녀석들은 귀엽게도 썰매견 수트를 입고 있었다.

"으하하하, 얼굴은 허스키인데 다리는 짧아!"

아이들은 강치와 제비가 변신한 모습에 배꼽을 잡고 웃었다. 녀석들은 아이들의 웃음에도 전혀 굴하지 않고 늠름하고 당당하게 서 있었다. 정말이지 그 모습은 방금 전 남극점을 정복한 썰매견처럼 멋있었다!

깟깟깟!

게다가 이 귀여운 썰매견들의 조련사이기라도 한 것처럼, 강아지 등에는 검은 깃털을 휘날리며 핀이 앉아 있었다. 핀은 멋진 깃털 옷을 껴입고 있었다.

"핀은 남극도둑갈매기 수트란다. 강치와 제비, 핀도 너희들을 돕게 될 거야."

개미박사님이 설명해 주었다. 용감하고 무모하고 거침없는 핀은 까치보다는 어쩐지 도둑갈매기 수트가 더 잘 어울리는 것 같았다.

"구복이는요? 거북이를 위한 방한용 수트는 없나요?"

아라가 기대에 잔뜩 부풀어 물었지만, 되돌아온 대답은 실망스러웠다.

"구복이는… 비행 중에 그만 겨울잠에 들고 말았어."

맙소사, 구복이는 적도를 지날 때까지는 괜찮았는데, 기온이 점점 내려가면서 결국에는 은신처에서 쿨쿨 잠들어 버렸다는 슬픈 이야기였다.

남극 캠프에서 지내려면 눈과 얼음 위를 자유롭게 이동하는 설상차가 필요했다. 재단의 연구팀에서 특별 제작해서 보낸 설상차는 펭귄 스쿠터라는 것이었다.

"황제펭귄이 사는 곳은 깊은 얼음 땅 한가운데라 걸어가는 건 무리야."

"특히나 언제 변덕을 부릴지 모르는 남극 날씨라면 말이지."

개미박사님과 다윈박사님이 번갈아 설명했다.

"멋져요."

아이들은 펭귄 스쿠터 주위로 몰려들었다.

펭귄 수트를 입은 아이들과 썰매견으로 변신한 강치와 제비가 펭귄 스쿠터에 올라탔다.

"남극의 겨울에, 그것도 얼어붙은 땅 위에서 번식하는 건 오직 황제펭귄뿐이야. 그래서 그들은 인간에게 가장 늦게 발견되었는데…."

흔들리는 차 안에서도 다윈박사님의 수다는 계속되었다.

남극의 겨울에 맞서 홀로 새끼를 키워 내는 황제펭귄들, 아이들은 자기가 맡은 임무에 대해서 생각했다. 뭔가 책임감도 느껴졌다.

황제펭귄들의 서식지 케이프 워싱턴 보호구역은 펭귄 스쿠터를 타면 30분쯤 걸리는 곳에 있었다. 아침 8시인데도, 주위는 저녁처럼 어둑어둑했다.

"나무도, 건물도, 눈에 띄는 게 아무것도 없는데 동물들은 어떻게 길을 찾죠?"

우리 인간들에게는 지도와 내비게이션이란 게 있지만, 대체 이 허허벌판에서 목적지를 찾아가는 동물들에게는 어떤 능력이 있는 걸까 신기하기만 했다.

"물론 눈과 얼음뿐이지만, 자세히 보면 저 얼음들 모양도 제각각 달라. 도시에 사는 우리가 비슷하게 생긴 빌딩 숲에서도 길을 잃지 않는 것처럼, 이곳 남극에 사는 동물들에게는 얼음이나 눈, 빙산을 구분하는 특별한 감각이 생긴 게 아니겠니? 물론 과학적 의견은 아니고 그냥 개인적인 가설일 뿐이야."

"눈과 얼음에 특별한 눈이 떠진다고요?"

아라의 마음속에 뭔가 새로운 호기심이 생겼다.

이야기를 나누던 중 저 멀리 거대한 얼음산이 나타났다. 가운데가 움푹 꺼진 통통한 식빵 모양의 어마어마하게 거대한 빙산이었다.

"지금 보이는 저 거대한 빙산이 우리 목적지란다. 케이프 워싱턴 보호구역의 황제펭귄들이 대대로 번식을 해 온 곳이지."

"아무리 그래도 알도 품고 새끼도 기르려면 둥지부터 지어야 하는 것 아녜요? 우리도 결혼하려면 집부터 구하잖아요."

와니가 어처구니없다는 듯 되물었다. 눈보라가 몰아치는 혹한의 얼음 땅 한가운데서 그냥 지내는 건 너무하지 않은가?

"바보야. 둥지를 뭘로 짓냔 말야. 재료가 하나도 없잖아."

"하긴 나뭇가지 하나 없고, 지푸라기에 돌멩이 하나 없네."

아이들은 저희끼리 질문하고 이내 저희끼리 답을 찾아냈다.

"그래도 저 단단한 얼음산이 매서운 겨울바람을 막아 주거든. 펭귄들이 알을 품으며 겨울을 나는 동안, 추위와 바람을 막아 줄 유일한 안식처가 되는 셈이야. 황제펭귄의 둥지는 바로 아빠의 발등 위란다."

다윈박사님이 신이 나서 설명했다.

"저긴 눈이 녹아서 까맣게 땅이 드러났나 봐요."

호야기 가리킨 거대한 빙산 앞에는 검은 땅이 짐짐이 펼쳐져 있었다.

"자세히 다시 보겠니? 남극의 겨울에 눈 녹은 땅이 있을 리가 없어."

개미박사님이 웃으며 말했다.

"그럼 저게 뭐예요?"

펭귄 스쿠터 내부는 창문이 없어 완전히 밀폐된 잠수함 같다. 아이들은 바깥 풍경을 보여 주는 모니터에 쪼르륵 모여들어 자세히 살펴보았다. 펭귄 수트에 달린 마스크에는 반사광에 눈을 다치지 않도록 특수 고글이 함께 달려 있었는데, 그래서 시야가 흐릿했다. 고글에 익숙해지기 전까지는 견뎌야 했다.

"맙소사, 저 검은 점들이 다 펭귄들이야!"

검은 점들은 눈 녹은 땅이 아니라, 거대한 황제펭귄의 무리였다! 5,000마리, 아니 1만 마리쯤? 그때였다.

똑똑똑, 똑똑, 똑.

"어디서 무슨 소리 안 들려?"

귀가 밝은 미리가 가만 속삭였다. 얼어붙은 눈 결정들이 펭귄 스쿠터를 때리는 소리일까?

"으악, 이게 다 뭐야?"

스크린에 무리에서 떨어져 나온 황제펭귄 수십 마리가 갑자기 나타난 이 괴상한 펭귄 스쿠터를 빙 둘러싸고 있는 것이 보였다. 펭귄들은 호기심 어린 표정으로 목을 길게 빼고 안을 들여다보고 있었다. 그중 성질 급한 녀석 하나가 이 괴상한 자이언트 펭귄을 톡톡톡 부리로 쪼아 대는 중이었고.

뚜뚜뚜루루루~ 뚜뚜뚜~.

　표정을 알 수 없는 까만 눈, 뾰족한 부리, 반들반들 윤기 나는 아름다운 깃털. 무엇보다 놀란 건 귀청을 찢는 듯한 황제펭귄의 울음소리였다. 꼭 난생처음 아무렇게나 힘껏 불어 보는 시끄러운 트럼펫 연주 같았다.

　"여기까지 마중을 나오다니 호기심이 많은 녀석들인가 봐."

　"대부분 짝이 없거나, 알을 잃은 녀석들이란다. 지금은 아빠 펭귄들이 먹이를 찾아 떠난 짝을 기다리며 홀로 알을 품는 시기거든. 보통의 아빠라면 저렇게 막 돌아다니지 못해."

펭귄 수트로 위장한 개미박사님과 아이들은 조심스럽게 펭귄 스쿠터에서 내렸다.

"자, 다들 이제 펭귄 짹짹이를 켜 보렴."

톡톡, 노란색 깃털이 있는 관자놀이 부분을 누르자, 깃털 부분이 황금색으로 빛나면서 짹짹이가 활성화되기 시작했다. 황제펭귄의 울음소리는 리듬, 톤, 길이, 음성 어느 하나 똑같은 게 없었다. 수천 마리 펭귄 모두가 제각각 다른 노래를 부르고 있었다.

뚜루루 뚜뚜~ 뚜뚜뚜!

정말 가능할까? 이 수많은 황제펭귄의 울음소리를 듣고 분석해서 우리에게 의미를 전달해 줄 수 있을까?

너 누구니? 너 노래 부를 줄 알아? 네 노래를 들려줘.

펭귄 짹짹이가 처음으로 번역해서 들려준 황제펭귄의 말이었다.

황제펭귄을 알려 주마

척삭동물문 조강 펭귄목 펭귄과 황제펭귄속

펭귄 중에 몸집이 가장 크다. 120센티미터 키에 몸무게는 22~45킬로그램.

나의 거대함을 찬양하라!

혹시나 깔리면 우린 찌그러지겠다…

귀 쪽의 노란 털이 다른 펭귄과 구별 되는 특징이다.

5,000~1만 마리가 집단 서식하는 사회적 동물이다.

주요 의사소통 수단은 울음소리. 트럼펫 소리를 닮은 특이한 소리를 낸다.

겨울에 남극 내륙의 차가운 얼음 위로 이동해서 알을 낳는 유일한 동물이다. 천적이 없는 환경을 선택한 결과로 보고 있다.

아델리펭귄과 숙적.
아델리펭귄보다 황제펭귄이 훨씬 온순하다.

잠수와 수영에 능하다. 작은 물고기, 크릴새우, 오징어 등이 주식.

천적은 도둑갈매기!

영하 50도의 추위를 견디기 위한 펭귄들의 행동을 옹송그림(허들링)이라고 한다. 원 모양으로 서서 서로 몸을 밀착하고, 추운 위치에 교대로 서기 때문에 모두 함께 생존할 수 있다.

수컷은 발 위에 알을 올려 놓고 2~4개월 동안 품는다. 그동안 얼음 외에 아무것도 먹지 않는다. 또 새끼가 태어나면 위벽까지 토해 내 펭귄 초유를 먹이는 부성애로 유명하다.

3.
돌멩이 알

"우와, 난 펭귄은 조그맣고 귀엽기만 할 줄 알았어."

"키가 거의 아라만 해!"

호야와 미리가 속삭였다. 황제펭귄은 가까이서 보니 마치 검정과 흰색 체육복을 맞춰 입은 초등학생들 같았다. 이 초등학생들, 아니, 펭귄들은 어디선가 나타난 괴상한 침입자들에 대한 경계심이나 낯가림이 전혀 없었다.

"당연하지. 황제펭귄들은 인간을 본 적이 거의 없잖니. 휴, 그나마 인간이 저지른 어리석고 잔인한 짓은 모를 테니 다행이라고나 할까?"

개미박사님은 펭귄 걸음에 익숙해지려 애쓰며 덧붙였다. 개미박사님과 아이들 모두 펭귄 수트를 입고 얼음 위를 걸어가는 일에 온 신경을 집중하고 있었다.

"그러게요. 풀도, 나무도, 다른 동물 친구도 전혀 없는 이곳에서 그동안 얼마나 심심했을까요?"

미리가 고개를 끄덕였다.

너희들 정말 잘생겼구나. 최고의 미남이야. 나랑 짝꿍 할래?

"황제펭귄들이 우리한테 관심이 있나 봐요. 자꾸 따라와서 말을 걸어요."

당당. 당당. 내 이름은 당당이. 내 거야, 내 거.

당당이는 행동이 몹시 독특했는데, 뭘 하나 살펴봤더니 부리로 조심스럽게 돌멩이를 발등에 올려놓는 연습을 하고 있었다.

땡땡. 땡땡. 내 이름은 땡땡이. 네 이름은 뭔데? 네 노래를 불러 봐.

"황제펭귄들은 생긴 대로 이름을 짓나 봐."

"넌 정말 당당하고, 넌 정말 땡땡하구나, 푸하하."

"우릴 언제 봤다고 짝꿍을 하자는 거야?"

와니와 아라가 소곤거렸다. 황제펭귄들의 일방적인 애정 고백이 무척 낯설었다.

"잊었니? 이곳 남극에서 최고의 황제펭귄이란 말이다. 첫째, 통통할 것. 둘째, 뚱뚱할 것. 셋째, 왕뚱뚱할 것. 바로 이거야."

 아이들은 장난꾸러기 같은 개미박사님 말에 웃음을 터뜨렸다.

 "황제펭귄들의 포동포동한 살과 지방은 남극이라는 극한의 환경 속에서 성공적으로 새끼를 길러 내기 위한 가장 중요한 조건이란다. 황제펭귄 미남의 조건은 바로 저 두툼한 지방과 튼실한 몸매라고 할 수 있지. 수컷 황제펭귄들은 몇 달간 아무것도 먹지 못하고 눈 폭풍을 견디며 알을 품어야 하니까 말이야. 뚱뚱할수록 굶주림과 추위에 잘 견딜 테니, 뚱뚱할수록 인

기가 많고, 암컷의 선택을 받을 확률도 올라가지. 황제펭귄들의 뚱뚱한 몸은 그들 눈에는 가장 멋지고 아름다운 몸이란다."

개미박사님 말에 다윈박사님도 덧붙였다.

"한마디로 이 극한의 환경에 가장 잘 적응한, 성공적인 몸매다 이 말씀이야."

"헐. 뚱뚱할수록 인기가 많아진다니. 나 황제펭귄으로 태어날 걸 그랬나 봐."

와니가 흥분한 목소리로 말했다.

황제펭귄들은 어마어마한 수다쟁이에 참견쟁이, 그리고 우리 인간의 기준으로는 못 말리는 음치였다. 황제펭귄의 겉모습은 항제라는 이름처럼 엄숙하고 품위 있고 근엄했다. 눈도 까맣고, 얼굴도 까매서 대체 무슨 생각을 하는지, 어떤 감정인지 표정을 잘 알아차릴 수가 없다는 점도 재미있었다. 그런데 입만 열면,

뚜뚜뚜루루루~ 뚜뚜뚜~ 뚜뚜!

시끄러운 기상나팔처럼 쉴 새 없이 꽥꽥 울어 댔다. 얼굴에 반해서 다가갔다가 이내 펭귄들 울음소리에 질겁을 하게 된다. 마녀의 저주를 받아 꾀꼬리 같던 목소리가 쇳소리로 변해 버린 왕자님 같았다.

"외모는 황제 맞는데, 목소리는 꼭 시끄러운 광대 같잖아."
아이들은 저희들끼리 속삭이며 킥킥댔다.

황제펭귄들은 공격적이지도 화를 내지도 않았다. 그저 펭귄 무리 말고는 어떤 생명체도 볼 수 없는 이 새하얀 눈의 제국에 갑자기 나타난 이 괴상한 친구들이 몹시 궁금할 뿐인가 보다. 스르륵 이 괴상한 펭귄 무리를 위해 길을 비켜 주기까지 했다.

너희들 노래를 들려줘. 네 이름이 뭐냐고오~!

황제펭귄 땡땡이가 하늘을 향해 고개를 치켜들고 높고 길게 울었다.

펭귄 수트로 위장한 탐험대는 황제펭귄의 집단 서식지가 있는 곳까지 걸어가기로 했다. 아니, 걷는다기보다는 기어가는 것이 맞았다. 난생처음 펭귄의 몸을 하고 미끄러운 얼음판 위를 걸어가려니 무척 힘이 들었다. 겨우 몇 걸음 걷다가 뒤뚱대기 일쑤였다.

뒤뚱뒤뚱 엉금엉금 파닥파닥 철푸덕!

"저기가 목표 지점이다! 다들 힘을 내자아아으아악!"

결연한 얼굴의 개미박사님이 맨 뒤에서 대원들이 잘 가고 있는지 살피며 걷다가 철푸덕 넘어졌다. 펭귄 수트가 푹신해서 망정이지, 그게 아니었다면 대원들 모두 큰 부상을 입었을지 모른다. 개미박사님이 넘어진 탓에 앞에서 잘 걸어가던 대원들도 도미노처럼 와르르르르 무너졌다.

우당탕탕탕, 와르르르르!

"아이고, 박사님! 우리 이제 어떡해요?"

"어떻게 일어나지? 손 대신 날개뿐이에요."

"몸이 너무 둔해서 맘대로 안 움직여요."

펭귄 대원들이 얼음 위에 엎어져서 난리를 피웠다. 지느러미 날개를 바닥에 짚고 일어서려 했지만, 온통 미끄러워서 맘대로 되지 않았다.

너희들 바보야?

앞서가던 황제펭귄 당당이와 땡땡이가 넘어진 펭귄 대원들 곁에 다가와 한참을 구경했다. 이 괴상한 펭귄들이 바보짓을 하는 게 무척 재미있는 모양이었다. 정말이지 치욕스러웠다.

이렇게 일어서면 되잖아.

당당이는 펭귄 친구들을 실컷 놀려 먹더니 그제야 일어서는 시범을 보였다.

당당이 덕분에 개미박사님과 펭귄 대원들은 제자리에서 일어나 다시 똑바로 설 수 있었다.

"지느러미 날개를 양옆으로 펼치면서 걸으면 중심 잡기가 더 쉬워."

"내 꼬랑지 깃털 좀 볼래? 넘어졌다 일어설 때 엄청 편해."

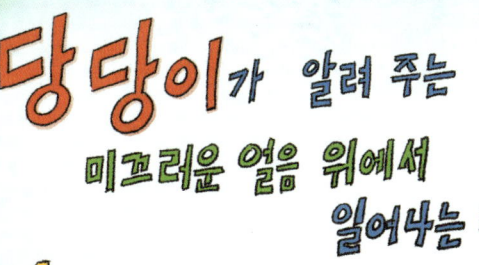

1. 부리로 얼음을 콕 짚는다.

2. 꾸욱! 뱃살이 단단해질 정도로 아랫배에 모든 힘을 모은다.

3. 꽁지 깃털을 지렛대 삼아 중심을 잡는다.

4. 머리는 숙인 채 배-가슴-머리 순서대로 슝! 몸을 일으킨다. 끝!

아이들은 재빠르게 익힌 펭귄 걸음걸이 노하우를 공유했다.
"오, 당당이가 새로운 이동법을 개발했어."
당당이가 가르쳐 준 건 얼음 위 펭귄만의 이동 방법인데, 펭귄 썰매라고 불렀다.

펭귄 썰매는 정말이지 쉽고 재미있었다. 얼음이 반질반질 단단하고, 약간의 경사가 있고, 걷는 게 피곤하다면 어디서든 썰매를 탈 수 있었다. 당당이를 따라 일행은 마침내 케이프 워싱턴 보호구역의 황제펭귄 집단 서식지에 도착했다.

당당이가 전수해 준 펭귄 썰매 이동법

1. 얼음 위에 배를 깔고 엎드린다. 뱃살의 푹신한 쿠션을 믿는다.
배가 시리거나 깃털이 까지거나 하는 사소한 것에 신경 쓰지 않는다.

2. 두 날개는 노처럼 저어서 이동을 돕는다.
썰매 스틱을 생각하면 편하다.

3. 혹시 뒷다리가 놀고 있나?
뒷다리로도 살살 얼음을 지쳐야 한다.

4. 시선은 늘 앞을 주시한다.
앞 펭귄과 부딪히지 않도록 주의한다.

케이프 워싱턴 보호구역에는 황제펭귄 약 1만 마리가 모여 있었다. 황제펭귄들은 한해살이 중 가장 중요한 임무를 위해 모인 것이다. 이 어둡고, 춥고, 사나운 얼음 땅 위에서 거의 10개월 동안, 목숨을 건 그들의 아름다운 이야기가 펼쳐진다. 새하얀 눈, 검은 연미복을 입은 황제펭귄, 캄캄한 극야의 밤과 검푸른 바다. 그들은 거대한 빙벽 앞에 모여 있다.

펭귄 1만 마리가 번식을 위해 모여든 이곳은 정말이지 대형 콘서트장 한복판처럼 시끌시끌했다. 세상의 온갖 나팔이 다 모여서 제 맘대로 연주를 하는 것만 같았다. 황제펭귄들은 정말이지 수다쟁이들이었다!

"으아악, 귀가 떨어져 나갈 것 같아요."

"엄청 시끄럽긴 한데 이상하게 듣기 싫진 않아. 풍경이랑 어울려."

"자연의 소리라 그런가? 어쨌든 펭귄도 새잖아."

"큭큭, 겨울바람과 새소리?"

아이들이 큭큭댔다. 이렇게 많은 황제펭귄 무리를 한꺼번에 보는 건 정말 신기한 경험이었다. 아름다웠다.

"쉿, 감탄만 하지 말고 1단계 작전 개시!"

개미박사님이 아이들 사이에서 엎드린 채 명령을 내렸다. 아

이들과 개미박사님은 눈길을 끌지 않도록 주의하면서 몰래 펭귄 수트의 배 주머니에서 무언가를 꺼냈다. 작은 공 같기도, 동그란 돌멩이 같기도 한 그 물건을 하나씩 조심스레 황제펭귄 무리 근처로 던졌다.

데굴데굴, 빙그르, 빨딱, 뽕, 스르륵, 찰칵!

펭귄 대원들이 던진 것은 황제펭귄 알로 위장한 알 카메라였다! 마치 공처럼 데굴데굴 굴러가 어디에 부딪혀도 금세 오뚜기처럼 중심을 잡고 작동을 시작했다. 이 알 카메라가 촬영할 황제펭귄의 모습은 실시간으로 비글호로 송출될 예정이었다. 그러니까 밤이든 낮이든, 눈보라가 몰아치든, 꼼꼼하게 황제펭귄을 기록할 수 있는 셈이었다.

그때였다. 갑자기 당당이와 땡땡이가 울기 시작했다.

소중해, 내 보물, 내 알은 어딨어?

당당이와 땡땡이가 시작한 소란이 황제펭귄의 거대한 무리 가운데로 서서히 퍼져 나갔다. 황제펭귄들은 굴러온 알 카메라를 발견하고 일제히 하늘을 보며 길게 울부짖기 시작했다. 꼭 누군가의 부름에 대답하는 소리 같았다.

나도 알을 갖고 싶어. 진짜 살아 있는 알을 품겠어.

당당이는 배 주머니의 돌멩이를 내보이고는 구슬프게 울었다. 그러자 1만 마리의 황제펭귄 모두 생각을 공유했다. 여기저기서 동시에 일제히 같은 동작을 시작했다. 뒤뚱뒤뚱 제자리에서 몇 걸음을 걷더니, 고개를 숙였다가 다시 천천히 들어 올렸다. 마침내 황제펭귄이 웅크리고 있던 몸을 펴자, 발등을 덮고 있던 두툼한 뱃가죽의 털이 천천히 벗겨지며 그들이 품고 있던 것의 정체가 드러났다.

"알이다! 황제펭귄들 모두 제 알을 품고 있었어!"

황제펭귄들은 각자 제

발등 위에 하나씩 알을 올려놓은 채 내내 품고 있던 것이다. 자지도 먹지도 않고.

내 보물, 예쁘지? 품고 있으면 느껴져. 이 안에서 아기가 꼬물꼬물 움직인다고.

마치 이 세상에서 가장 소중한 보물을 살짝 꺼내 자랑하듯이 부드럽게 배 주머니를 열었다.

쉿! 알 속에 아기가 잠자고 있어. 이제 그만 봐.

황제 펭귄은 포근한 배 주머니로 다시 알을 감싸안았다.

4. 눈 폭풍

"조심해! 알이 꽁꽁 얼어 버린다!"

개미박사님이 다급하게 소리쳤다. 일제히 기지개를 켜며 몸을 부르르 떨기 시작한 황제펭귄 무리에서 일어난 작은 소동 때문이었다.

"20초야!"

다윈박사님도 정신없이 날아다니며 경고했다.

20초. 이런 혹한의 날씨에서 부모 품에서 벗어난 알이 생존할 수 있는 시간은 겨우 20초 남짓이었다.

졸다가 알을 흘린 펭귄, 기지개를 켜다 알을 떨어뜨린 펭귄, 옆 펭귄이 치는 바람에 알을 놓친 펭귄, 그냥 혼자서 벌러덩 넘어진 펭귄 등 무리에는 별의별 문제 펭귄들이 있었다.

어머나, 내 보물! 내 소중한 아기가!

황제펭귄들은 잃어버린 알을 찾으려고 서로 허둥거렸다. 펭귄들도 알았다. 이런 추위에 알이 노출되면 그대로 얼어 버린

다는 것을. 그리고 그건 목숨 걸고 지키던 새끼의 죽음을 의미한다는 것을. 1년간의 노력이 헛수고로 돌아간다는 것을.

괜찮아? 괜찮아! 괜찮아? 괜찮아!

휴, 하마터면 큰일 날 뻔했네.

황제펭귄들은 하나둘 평온을 되찾았다. 우스꽝스러운 썰매 견 커플 장치와 제비의 활약이 눈부셨다. 녀석들은 일종의 공놀이라고 생각하는 게 틀림없었다. 펭귄들은 강아지들이 갖다 준 알을 재빨리 발등 위로 영차! 끌어 올렸다. 그리고 안심한 듯 서둘러 배 주머니를 닫고 따뜻하게 품기 시작했다.

톡톡톡. 아기야, 내 소중한 보물… 톡톡톡.

그러나 언제나 운 나쁜 펭귄은 있기 마련이다. 몇몇 펭귄들은 그만 알을 잃어버렸다. 몇몇은 잃어버린 알을 힘들게 찾아냈지만, 알은 이미 꽁꽁 얼어 버린 뒤였다.

어쩌나. 불쌍한 우리 아기. 아기야, 일어나렴….

운 나쁜 펭귄들은 꽁꽁 얼어 버린 알을 떠나지 못했다. 계속 두드리면 언젠가 알이 깨어날 것이라고 믿는 듯했다.

"아, 어쩜 좋아. 힘들게 품었는데, 허무하게 잃고 말다니."

아이들은 발을 동동 구르며 안타까워했다. 그제야 모든 게 서서히 눈에 들어왔다. 황제펭귄 서식지 주변에는 꽁꽁 얼어서 버려진 알들이 제법 많았다. 놀랍게도 말라비틀어진 새끼 시체도 여기저기 널려 있었다. 남극에서는 시체가 썩지 않으니, 언제 죽은 펭귄인지 알 길이 없었다. 끔찍하고 슬픈 풍경이었다.

"안타깝게도 모두 가망이 없구나."

개미박사님은 알과 새끼 몇을 건드려 보고는 힘없이 중얼거렸다.

"띠리링, 뽕! 2020년, 2002년, 오! 1980년…."

다윈박사님은 주위를 날아다니며 꽁꽁 언 알과 시체, 뼛조각의 연대를 측정하고 있었다. 뼈만 남은 시체 중에는 무려 100년이 넘은 것도 있었다!

"남극에서는 시체가 썩지 않아. 너무 추워서 세균이나 바이러스가 번식할 수 없거든. 그래서 감기에 걸릴 일도 없단다. 동상만 조심하면 돼."

"그야말로 서서히 흙과 먼지로 돌아가는 거네요?"

호야는 한 생명이 태어났다가 얼마 살아 보지도 못하고 그대로 먼지가 되는 그 시간이 상상이 되지 않았다. 꼭 우주 한가운데 들어와 있는 기분이 들었다.

"헉, 내장이 하나도 없이 뼈만 남았어요."

"남극에서는 먹을 게 몹시 몹시 귀하단다. 굶주린 도둑갈매기가 쪼아 먹었거나 했겠지. 그나마 다행이다. 갈매기들도 새끼를 먹여야 하잖니."

"죽은 새끼 펭귄이 새끼 갈매기를 살렸네요."

산다는 건 뭘까. 아이들은 하얗게 뼈를 드러낸 아기 펭귄의 미라 앞에서 한참 머물렀다.

얼마의 시간이 흐른 후 마침내 새끼가 죽었다고 확신한 황제펭귄들은 힘없이 돌아섰다. 그리고 터벅터벅 걷기 시작했다.

축 늘어진 뒷모습 위로 살을 에는 겨울바람이 불어왔다.

"어쩜 좋아. 네 잘못이 아니잖아."

"먹지도, 자지도 않고 최선을 다했잖아."

미리와 아라가 알을 잃어버린 펭귄들을 위로했다.

배가 너무 고파. 쓰러질 것 같아.

마지막으로 신선한 생선을 먹은 게 언제인지 기억도 안 나.

배가 고파, 배가 고파, 신선한 생선과 오징어가 있는 곳.

우리는 바다로 간다. 난 그동안 헛수고만 했어.

"대체 어디로 간다는 거야?"

"언제 눈 폭풍이 몰아칠지 모르는데 여기 있는 게 나을 거야."

호야와 와니가 말렸지만, 녀석들은 고집불통이었다.

혹시 내 짝꿍이 와서 날 찾으면 못 봤다고 해 줘. 내 짝꿍 얼굴을 볼 자신이 없어. 그럼 안녕.

"얘들아, 곧 어마어마한 눈 폭풍이 몰려올 것 같다. 빨리 돌아가야겠다."

개미박사님이 아이들을 불렀다. 남극 날씨는 정말이지 예측할 수가 없었다.

"눈발이 날려요!"

"그건 예전에 내린 눈이 바람에 날리는 거고. 곧 눈 폭풍이 몰려올 거야."

"블리자드*가 온다! 블리자드!"

다윈박사님이 날아다니며 경고했다. 그 말이 끝나기가 무섭게 주위가 순식간에 컴컴해졌다. 갑자기 거센 눈 폭풍이 몰려들었다. 매서운 칼바람과 함께 모래처럼 단단하게 얼어붙은 눈 조각이 온몸을 때리기 시작했다. 어둠 속에서 온 세상이 갑자기 하얗게 변해 버린 것 같았다. 시간도, 공간도, 감각도 다 잃어버렸다.

"으아아아아악, 애들아, 흩어지지 마."

아이들은 펭귄 스쿠터 쪽으로 있는 힘껏 기어가기 시작했다. 겨우 30미터 남짓이었다.

*블리자드: 심한 추위와 강한 눈보라를 동반하는 강풍.

"절대 흩어지지 말고, 앞사람 뒤에 바짝 붙어서 쫓아오렴."
"펭귄 기차 작전! 절대 떨어지지 마라. 일렬로! 꼭 붙어서!"
개미박사님과 다윈박사님이 큰 소리로 펭귄 대원들을 이끌었다. 하늘도 땅도 아무것도 보이지 않았다. 두려움이 몰려왔다. 그때였다.
"저길 봐! 불빛이다."
개미박사님의 목소리가 들리는 곳을 바라보니, 블리자드 사이로 노란 불빛이 새어 들고 있었다. 펭귄 스쿠터가 두 눈에 불을 밝히고 대원들을 맞이하고 있었다.

"펭귄 스쿠터야! 얼마나 반가운지 몰라."

아이들은 와락 펭귄 스쿠터를 껴안았다. 탑승구가 열리고 안에 들어서자, 포근한 바람이 대원들을 맞이했다. 갑자기 죽을 뻔했다가 살아난 기분이었다. 겨우 정신을 차려 보니 뜨거운 김이 모락모락 나는 컵들이 놓여 있었다. 펭귄 스쿠터가 미리 준비해 놓은 뜨거운 코코아였다. 세상에, 그건 코코아가 아니라 생명수였다!

"자, 아까 나눠 준 주먹밥 도시락과 함께 먹으렴."

맞다, 아이들은 배 주머니에 넣어 둔 주먹밥을 꺼냈다. 신기하게도 먹기 딱 좋을 만큼 따뜻했다. 아이들은 정신없이 코코아와 주먹밥을 먹기 시작했다.

"분명히 눈을 뜨고 있는데, 어쩜 앞이 하나도 안 보일 수가 있지?"

"무서웠어. 그렇게 갑자기 날씨가 나빠지다니. 믿을 수 없어."

아이들은 재잘재잘 수다를 떨었다. 그때 갑자기 미리가 코코아를 뿜었다.

"켁! 아라? 내 동생 아라가 안 보여."

맙소사. 모니터에 비친 바깥 풍경은 그저 온통 하얀 눈뿐이

었다.

아이들이 울고불고 아우성치자, 개미박사님은 곧바로 아라의 위치를 찾아냈다. 아라의 위치 표시는 황제펭귄 무리 가운데서 깜빡이고 있었다.

"아라는 잘 있을 거다. 펭귄 수트를 입으면 영하 60도에서도 견딜 수가 있단다. 물론 오래 버티기는 힘들지. 그렇지만, 황제펭귄들이 아라를 도와줄 거야."

"펭귄 알이 순식간에 얼어 버리는 곳에서 정말 견딜 수 있을까요?"

미리가 울음을 그치지 않자, 개미박사님은 홀로그램 영상을 불러냈다.

"알 카메라 1번, 3번! 영상을 보여 줘."

"아, 아까 두고 온 알 카메라들이 있었지!"

매서운 눈 폭풍이 몰려왔다. 펭귄들은 이미 알고 있었다. 눈과 얼음 세계에서 사는 황제펭귄만의 감각이었다. 흩어져 있던 황제펭귄들이 하나둘 거대한 무리에게로 다가들었다.

휘이이이이잉~ 쉬이이이이잉~.

누가 시킨 것도 아니었지만, 그들은 대대로 물려받은 황제펭귄의 본능이 시키는 대로 움직였다. 모두 똘똘 뭉쳐서 하나의 커다란 원을 만들었다. 1만 마리 황제펭귄이 뭉쳐서 만든 거대한 원.

"옹송그림*. 극한의 추위에 맞서는 황제펭귄만의 생존법이란다. 추우니까 서로 꼭 붙는 거야. 눈 폭풍이 지나갈 때까지 서로 붙어 체온을 나누며 버티는 거지. 혼자는 죽음이지만, 여럿이 뭉치면 살 수 있단다."

황제펭귄들은 꼭 추위에 코트 깃을 세운 사람들 같았다. 콩가루 위에 펭귄을 굴린 것처럼 깃털 위에 눈이 소복이 쌓였다. 모두 눈사람, 아니 눈 펭귄이 되었다!

*옹송그림: 허들링(Huddling)의 개미박사표 번역(157쪽 참조).

"어우, 숨 막혀! 쪄 죽을 것만 같아."

그때였다. 알 카메라의 영상에 옹송그림을 하는 펭귄들 가운데에서 머리를 치켜들고 꼬물거리는 아라의 모습이 보였다. 온도를 볼 수 있는 화면으로 변환시키자, 옹송그림 원 중앙의 온도는 온통 빨간색이었다. 평균 37도에 육박했다.

"아라야, 흑흑흑, 무사하구나."
 친구들은 펭귄 무리에 끼어 낑낑대는 아라를 보고는 울다 웃었다.

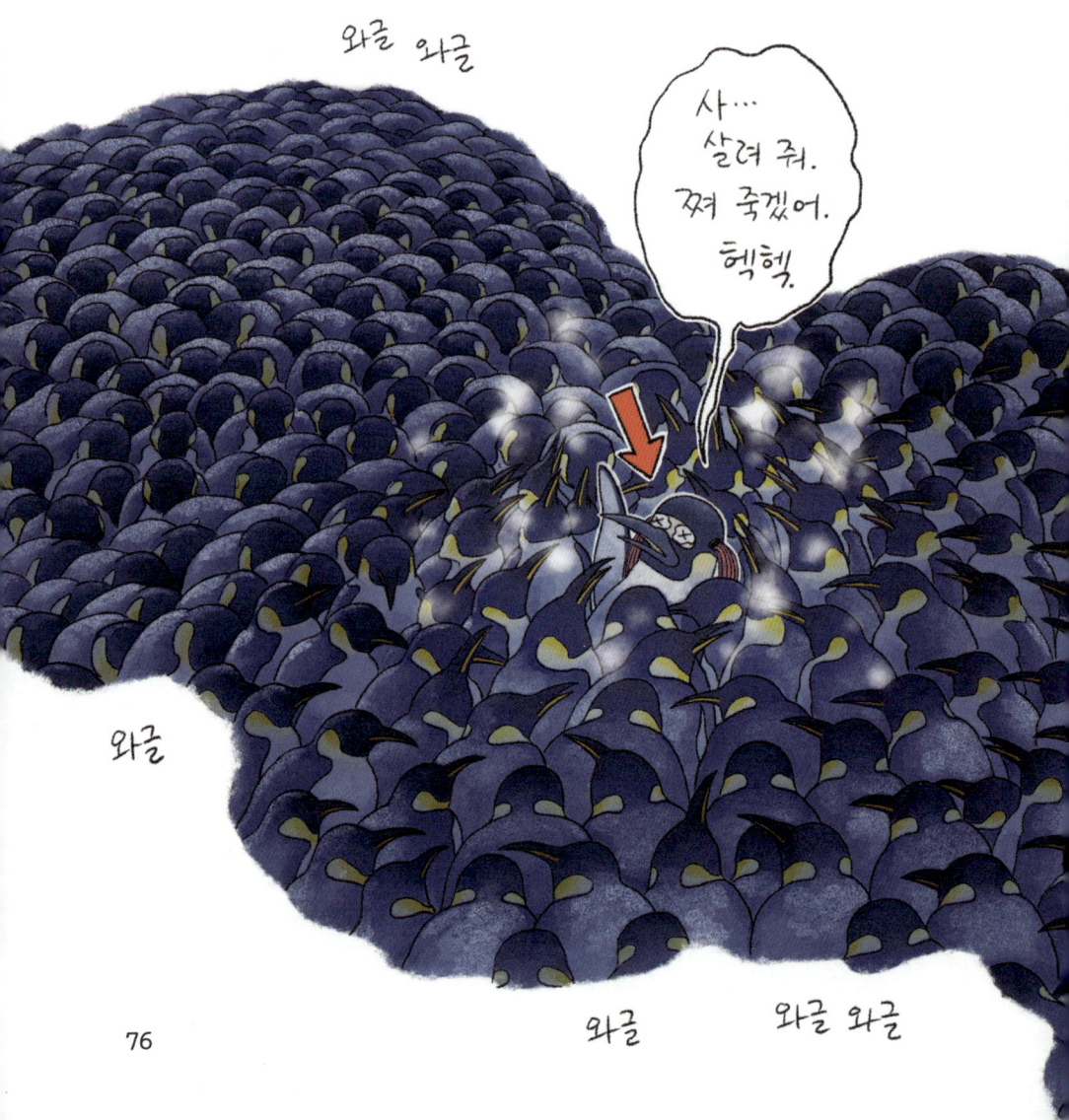

둥글고 둥글게, 돌고 돌아라
안에서 밖으로, 밖에서 안으로
얼음 땅에는 바람을 피할 집도 나무도 바위도
이 백색 세상엔 오직 눈과 얼음과 바람뿐, 아무것도 없다
우리는 황제펭귄, 우리에겐 서로가 있을 뿐
내가 네가 되고 네가 내가 되고
거대한 원을 그리며 천천히 천천히
밖에서 안으로, 안에서 밖으로
서로의 온기를 나누며 돌고 돈다

와글 와글　　　　　와글 와글　　　　와글

"근데 저게 뭐예요? 땅속에 뭔가 있어요!"

놀랍게도 썰매견 강치와 제비가 아라를 지키고 있었다. 하여튼 이 용감한 강아지들이란! 녀석들은 옹송그림하는 황제펭귄 무리 곁에 잽싸게 굴을 파고 눈 속에 숨어 있는 중이었다. 이글루 집 밖으로 껌뻑껌뻑 두 눈만 내놓은 채.

황제펭귄들은 추위에 맞서 고개를 날갯죽지에 깊이 묻었다. 고개를 들지 않아도 마음으로 대화할 수 있었다. 가장자리 펭귄들이 더 이상 견딜 수 없다는 신호를 보내자, 가장 안쪽의 펭귄 무리들이 천천히 움직였다.

1만 마리의 황제펭귄들은 거대한 나선형을 그리며 점점 더 깊고 깊게 원 안을 향해 돌아가기 시작했다. 누군가의 명령에 따르는 것도, 대장 노릇을 하는 펭귄이 있는 것도 아니었다. 가장 추운 바깥에서 고생하는 친구를 위해, 가장 따뜻한 안쪽에 있던 펭귄이 공평하게 자리를 바꿔 주었다.

"황제펭귄은 정말 아름다워요."

미리가 눈물을 닦으며 말했다.

5.
아라의 비밀

"대체 어떻게 혼자 떨어지게 된 거야? 하마터면 큰일 날 뻔했어."

눈보라가 그치자, 일행은 남극 캠프로 개조한 비글호로 이동해 아라를 기다렸다. 똘똘한 펭귄 스쿠터가 아라를 싣고 돌아왔다. 물론, 용감한 강아지 강치와 제비도 같이.

"첨엔 언니 뒤통수를 잘 따라가고 있었는데, 어디선가 제비랑 강치가 컹컹 짖는 소리가 들리는 거야…."

강치와 제비는 이유 없이 짖는 법이 없었다. 갑자기 불어온 칼바람에 아라는 뒤뚱대다가 쓰러졌고, 결국 황제펭귄들의 발에 치여 이리저리 휩쓸렸다는 것이었다.

"정신을 차려 보니깐 황제펭귄 무리 한가운데였고, 절대 못 빠져나가겠더라. 얼어 죽을까 봐 걱정했는데, 황제펭귄들 덕분에 따뜻했어."

아라는 새우볶음밥을 퍼 담으며 이야기를 계속했다.

"남극에 오니깐 야채 삼총사가 육총사로 늘었네."

"당근, 브로콜리, 토마토 외에 양송이, 완두콩, 양파가 들어 있군."

　와니가 투덜거리자, 호야는 실험실 과학자처럼 볶음밥의 성분을 알려 주었다.
　"음식이 남아도 걱정할 필요가 없어. 그냥 도시락에 잘 담아서 밖에 내놓으면 그대로 냉동실이나 마찬가지거든. 큭큭, 남극은 전체가 냉동실이야."
　"아라가 볶음밥 엄청 맛있게 먹었어. 배 빵빵한 것 봐. 너 진짜 펭귄 같아."
　미리가 아라의 배를 가리켰다.
　"어, 그게 아닌데."
　아라는 엉거주춤한 자세로 얼굴만 붉혔다. 그때 스피커에서 개미박사님 목소리가 울려 퍼졌다.

"펭귄 탐험 대원들에게 알린다. 눈 폭풍도 가라앉았으니 다시 탐사 준비를 하도록. 30분 뒤에 출발한다."

9월이 되자 날씨는 거짓말처럼 포근해졌다. 해가 뜨지 않는 극야의 시간이 지나고, 낮이 조금씩 길어지고 있었다.

"긴 겨울이 끝나고 드디어 봄이 오겠구나. 그 증거들을 보게 될 거야."

"남극에도 봄이 와요? 나무도 꽃도 없잖아요."

"봄이라고 해도 여전히 영하지만, 남극에 사는 동물들에게는 긴 고생이 끝났다는 뜻이지. 올해는 예전보다 더 빨리 남극의 기온이 오르고 있어서 걱정이지만."

황제펭귄들 서식지까지 가는 길이 무겁고 길게만 느껴졌다.

"올해는 황제펭귄들 자식 농사가 잘되어야 할 텐데."

아라가 조그맣게 중얼거렸다.

이번에도 당당이와 땡땡이가 대원들을 마중 나왔다. 녀석들은 지치지도 않고 뒤뚱뒤뚱 주변을 순찰하던 중이었다. 날이 풀리자, 황제펭귄들은 더 많이 움직이고, 기분도 좋아진 것 같았다.

"그룹을 나누어 황제펭귄을 관찰하도록 하자. 이제 곧 새끼

가 태어날 거야. 최첨단 장비로 무장하고 있다고 해도, 남극에서 방심은 금물이다. 절대 혼자 다녀서는 안 돼. 아라와 미리는 여기 남아서 황제펭귄 부화 과정을 기록하고, 와니와 호야는 나를 따라오거라."

"늘 나를 활성화시키렴. 그럼 어디에 있든 서로 연결해 줄 수 있으니까."

다윈박사님이 팔랑거리며 아이들 주위를 날아다녔다.

그때였다. 갑자기 황제펭귄들이 일제히 몸을 떨며 목을 길게 빼고 울기 시작했다. 뭔가 놀라움과 반가움이 뒤섞인 그런 노랫소리였다. 황제펭귄들이 조심스럽게 배 주머니 가죽을 들어 보였다.

콕콕콕, 찌지직, 꺼내 주세요! 아빠, 나예요.

알에 금이 가더니 안에서 작은 소리가 들려왔다. 다 자란 황제펭귄들의 우렁찬 나팔 소리와는 다른, 사랑스러운 새끼의 짹짹거림이었다.

귀여운 짹짹거림을 시작으로 알들이 하나둘 깨어나기 시작했다. 황제펭귄 새끼들은 알이었던 시절부터 서로 연결되어 있는 모양이다. 케이프 워싱턴의 모든 황제펭귄 알들이 동시에 껍질을 깨고 세상 밖으로 나오는 중이었다.

개미박사님과 다윈박사님은 펭귄 무리를 관찰 중이었다. 그때였다.

"으허허허형…, 아으으으응…."

갑자기 아라가 배를 움켜쥐고 엉거주춤 멈춰 섰다. 꼭 똥 마려운 사람 같았다.

"아라야, 너 왜 그래?"

"급똥이야? 빨리 펭귄 스쿠터 불러. 안에 간이 화장실 있잖아."

"밥을 너무 많이 먹은 거 아냐?"

친구들이 와글와글 아라 주위로 모여들었다. 아라는 울기 직전이었다.

"배가… 내 배 속에… 으형형, 간지러워, 이상해. 어떡하지?"

대체 무슨 일이 벌어지고 있는 거지? 아라가 천천히 펭귄 수트의 배 주머니를 들어 올렸다. 배 주머니는 도시락을 따뜻하게 보관하는 용도인데….

"헉, 이게 뭐야? 알이야?"

아라의 배 주머니에는 놀랍게도 황제펭귄의 알이 숨겨져 있었고, 그 와중에 새끼 펭귄이 막 껍질을 깨고 밖으로 나오는 중이었다!

"내 10년 인생에서 제일 놀라운 뉴스다, 진짜!"

와니는 몹시 신기해하며 손가락으로 새끼 펭귄을 톡 건드렸다.

건드리지 마세욧! 내 힘으로 나올 수 있다구욧!

녀석은 앙칼지고 또렷한 목소리로 대답했다.

"어떻게 된 거야? 어디서 났어?"

아라는 상기된 얼굴로 이야기를 시작했다. 옹송그림을 하며 눈 폭풍에 맞서던 그때, 한 무리의 펭귄들이 와르르 도미노처럼 쓰러졌는데, 그 탓에 데굴데굴 빙판 위에 펭귄 알들이 굴러다녔다. 대부분은 재빨리 알을 찾아 품었지만, 끝내 아빠를 찾지 못하고 칼바람 속에 남겨진 알이 있었다.

"그날 우리 다 같이 봤잖아. 시간이 너무 많이 흐르면, 결국 아빠 펭귄도 포기하고 알을 버리는 거."

아라는 버려진 알이 너무 가여워 얼른 제 배 주머니 속에 집어넣었다.

"알이 죽어 버렸다고 해도 상관없었어. 그냥 한국에 가서 잘 묻어 주려고 했어… 흑흑."

"바보야. 왜 울고 있어? 이건 기적이잖아!"

"네가 한 생명을 구한 셈이잖아!"

"쉿, 그래도 개미박사님이나 다윈박사님한테 들키면 엄청 혼날 거야, 우리."

호야랑 미리도 속삭이며 맞장구쳤다.

엉엉, 힘들어! 앙앙, 배고파!

새끼 펭귄은 벌써 알을 반쯤 깨고 머리를 내밀며 큰 소리로 울고 있었다. 케이프 워싱턴 보호구역은 알을 깨고 나온 새끼

펭귄들의 짹짹거림으로 시끌벅적했다. 알을 깨고 나온 펭귄은 작디작고 보드라운 잿빛 솜털 같았다. 아라는 당황스러움과 경이로움이 뒤섞인 감정으로 새끼 펭귄을 굽어보았다.

아빠? 엄마? 아빠! 아빠!! 아빠!!!

새끼 펭귄과 아라의 눈이 마주쳤다. 둘은 서로를 쳐다보았다. 아라의 펭귄 수트는 온통 까만 깃털로 덮여 있었고, 눈동자만 조약돌처럼 반짝거리며 빛났다. 새끼 펭귄의 눈동자에는 펭귄 수트를 입은 아라만이 가득 담겨 있었다. 그게 바로 세상에 태어나 처음 본 것이었다. 좀 이상하고 어설프고 우스꽝스러운 펭귄이었지만, 누가 뭐라는 새끼 펭귄에겐 아라가 세상의 전부였다.

이게 내 아빠구나. 먹이를 주고, 품어 주고, 나를 보호하는.

새끼 펭귄은 절대 놓치지 않으려는 듯 아라의 모습을 뚫어지게 바라보며 마음 깊이 새겼다. 그리고 온 힘을 모아 우렁차게 울기 시작했다.

배고파요, 힘들어요, 추워요. 안아 주세요, 아빠! 아빠!!

아라는 당황해서 어쩔 줄을 몰랐다. 게다가 아빠라니. 새끼들은 저마다 다른 울음소리를 갖고 있었고, 길이와 리듬이 달라서 하나의 고유한 암호 같았다. 그 울음소리가 곧 녀석들의 이름이었다.

"아라야, 그럼 네 새끼 이름은 뭐야?"

삑삑대며 시끄럽게 울부짖는, 하마터면 얼음 위에서 냉동 미라로 사라질 뻔했던 이 작은 펭귄의 이름은….

"내 새끼라니? 난 그저 알을 주웠을 뿐이라고! 헐, 촐랑이? 촐랑이가 뭐야?"

아라는 쨱쨱이의 번역을 믿을 수 없다는 듯 몇 번이나 황금색 깃털 부분을 두드렸지만, 펭귄 쨱쨱이가 번역해 준 아기 이름은 역시나 '촐랑이'였다.

귀엽다. 네 아기, 작지만 아주 귀여워.

나도 한번 만져 보자. 촐랑이, 내가 삼촌이야.

어느 틈엔가 당당이와 땡땡이가 다가들어 한참이나 새로 태어난 새끼를 구경했다. 졸지에 아라는 친구들의 축하를 받은 행복한 아빠가 돼 있었다.

"그런데 촐랑이 왜 이렇게 울지? 다른 새끼들은 괜찮은데."

와니가 걱정스럽게 중얼거렸다. 촐랑이는 아라와 눈을 맞추자마자, 삑삑대며 구슬프게 울었다. 제 이름을 아빠에게 기억시키려는 뜻도 있었지만, 쉬지 않고 우는 이유가 대체 뭘까?

배가 고파서 그래. 알을 깨고 나오느라 힘을 다 써 버렸거든.

빨리 젖을 주라구, 친구. 펭귄 초유*. 펭귄 초유.

당당이와 땡땡이가 재촉했다.

"펭귄 초유라니? 그런 우유도 있었나?"

"저걸 봐. 다른 새끼들은 아빠에게서 먹이를 얻어먹고 있잖아."

호야가 일러 준 대로 주위를 살펴보니, 새끼들은 악착같이 아빠에게 매달려 아빠 펭귄이 속에서 게워 낸 먹이를 받아먹는

---

*펭귄 초유: 펭귄 밀크(Penguin Milk)의 개미박사표 번역(156쪽 참조).

중이었다.

"헐. 아빠 펭귄도 몇 달이나 굶었으면서 대체 뭘 먹이고 있지?"

"제 위벽을 녹여서 먹이는 거지. 아빠 펭귄은 새끼가 태어나면 제 살을 녹여서 첫 밥을 먹이는 거란다."

깜짝 놀라 고개를 들어 보니, 개미박사님이 걱정스러운 얼굴로 촐랑이와 아라를 쳐다보고 있었다.

"앗, 개미박사님. 죄송해요. 제가 허락 없이 알을…."

아라가 풀 죽은 목소리로 말했다. 개미박사님은 화를 내지 않았다.

"버려진 알은 어차피 그냥 죽는 거였다. 아라가 한 생명을 살렸구나. 그렇지만 이제부터 어쩌지?"

"저희가 잘 돌볼게요. 우리가 돌아갈 때까지 잘 키우면 되잖아요."

"그건 불가능해. 짝꿍이 새끼를 키우는 동안, 파트너는 바다로 가서 물고기 사냥을 해 와야 하거든."

다윈박사님이 촐랑이의 몸무게와 체성분을 분석하며 덧붙였다.

"녀석은 조금 작지만, 다행히 건강해. 지금 아주 굶주린 상태야."

다행히 촐랑이를 부화시켰지만, 촐랑이에게 먹이를 나눠 줄 아빠 펭귄이 없었다. 누가 대체 제 살을 녹인 펭귄 초유를 나눠 주겠는가?

아기가 울잖아, 친구. 왜 밥을 먹이지 않지? 이리 줘. 내가 펭귄 초유를 줄게.

땡땡이는 그 말이 끝나기가 무섭게 하늘을 향해 고개를 치켜들더니 고통스럽게 몸을 울컥울컥 쥐어짜기 시작했다. 그러자 온몸이 마치 살아 움직이는 것처럼 어지럽게 물결쳤다. 당당이는 친구를 응원하듯이 우렁차게 울어 댔다.

"설마 제 살을 녹여서 모르는 새끼한테 먹이를 주겠다고?"

땡땡이가 마침내 촐랑이를 향해 부리를 크게 벌렸다. 아기 촐랑이는 땡땡이 입속에 머리통을 집어넣다시피 하고, 맛있게 받아먹었다.

"우리 촐랑이를 같이 키워요. 박사님, 우리가 잘 키울게요, 네?"

아라가 개미박사님을 졸라 댔다. 개미박사님의 표정은 복잡했다.

"촐랑이에게는 아빠도, 엄마도 없잖니. 남극에서는 파트너 없이 새끼를 키우는 게 불가능해."

"땡땡이처럼 먹이를 나눠 주는 펭귄도 있잖아요."

"한두 번이야 운 좋게 맘씨 좋은 펭귄을 만날 수 있겠지. 하지만, 새끼는 무럭무럭 자랄 테고, 곧 엄청나게 많은 먹이가 필요하게 돼."

"펭귄들의 도움을 받든, 생선을 씹어 먹이든 제가 돌볼게요. 그리고 좋은 부모를 찾아서 촐랑이를 입양 보낼게요. 새끼를 잃은, 맘씨 좋은 펭귄을 골라서요, 네?"

입양이라니, 아라의 기가 막힌 아이디어였다.
 끈질긴 아라의 부탁에 개미박사님은 못 이기는 척 허락했다. 사실 개미박사님은 처음부터 촐랑이를 포기할 생각이 없었다. 개미박사님의 허락이 떨어진 걸 촐랑이도 아는 건지, 촐랑이는 아라를 귀찮을 정도로 졸졸졸 쫓아다니며 따랐다.

6월	7월	8월
	겨울	

12월	1월	2월	3월
	여름		가을

새끼 펭귄은 바다에서 3~4년을 지내며 어른으로 성장!!

6.
펭귄 유치원

"새끼가 태어나고 열흘 내로 엄마가 돌아오지 않으면, 아기는 굶어 죽는다."

개미박사님은 호야와 와니를 데리고, 오지 않고 있는 엄마 펭귄들의 이동 경로를 조사하기 위해 떠났다. 서식지에 남은 미리와 아라도 할 일이 많았다.

"엄마 펭귄이 어서 돌아왔으면 좋겠다. 그럼 신선한 물고기를 먹여 줄 수 있잖아."

아라와 미리는 급한 대로 생선 통조림을 으깨서 촐랑이를 먹였다. 고맙게도 촐랑이는 뭐든 가리지 않고 잘 받아먹었다.

"기다림에 지쳐 떠나는 아빠 펭귄들이 점점 늘고 있어."

미리는 울상이었다. 그랬다. 무시무시한 블리자드가 몰려왔던 겨울보다 오히려 새끼가 태어난 지금이 더 문제였다. 3개월간 아무것도 먹지 못하고, 알을 품고 새끼를 돌보는 아빠 펭귄의 몸무게는 3분의 1로 줄어들어 있었다!

"저것 봐, 또 한 무리의 펭귄이 새끼를 버렸어."

아라가 발을 구르며 안타까워했다. 자세히 살펴보니, 새끼를 버린 게 아니었다. 이미 오래전 굶어 죽은 새끼를 그제야 놓아준 것이었다.

이제 마지막 고비야. 곧 그녀들이 올 거야. 강인하고 용감한 그녀들이.

당당이는 소중히 품고 있던 돌멩이 알을 내려 두고, 굶어 죽은 새끼들을 건드리며 구슬프게 울었다. 그때였다. 다윈박사님이 빙글빙글 돌기 시작했다.

"엄마 펭귄들이 온다! 엄마들이 와!"
저 멀리 새하얀 빙판을 가르며 엄마 펭귄 무리가 보였다. 먼 거리였지만, 거칠 것이 없는 얼음 땅에서는 모든 것이 또렷하게 보였다. 엄마 펭귄들은 정말이지 토실토실하고 윤기가 났

다. 배고픔에 지친 아빠 펭귄이 일제히 노래를 부르며 짝꿍이 찾기 쉽도록 한 줄로 길게 늘어섰다. 엄마 펭귄도 화답했다. 1만 마리 펭귄이 내지르는 울음소리는 불협화음 같으면서도 이상하게 듣기 좋았다.

어서 와요, 내 사랑. 우리 아기를 봐요. 내가 얼마나 잘 키웠

는지, 녀석이 얼마나 튼튼하고 소리는 우렁찬지 봐요.

정말 이게 우리 아기라고요? 어머나. 사랑스럽고 귀여운 것.

드디어 엄마 펭귄은 아빠 펭귄을 만났다. 그리고 아기들은 엄마로부터 첫 먹이를, 남극해의 영혼이 듬뿍 담긴 신선한 살

코기를 실컷 받아먹었다.

"드디어 살았구나. 아기들이 이제는 살았어."

다윈박사님이 손수건을 꺼내 코를 팽 풀며 눈물을 훔쳤다.

"다들 엄마에게 신선한 물고기를 받아먹는데, 우리 촐랑이는 어떡해요?"

아라와 미리는 걱정이 많았다. 촐랑이는 뭐든 잘 받아먹었지만, 앞으로가 문제였다. 그때 당당이가 뒤뚱거리며 다가왔다.

"당당아, 너 어제 바다 사냥 다녀왔지?"

응.

"그럼 배부르겠네? 물고기랑 오징어는 많이 잡았어?"

물론. 내가 바다에선 유명한 오징어 사냥꾼이거든!

당당이는 제 수영 솜씨와 사냥 실력을 뽐내고 싶어 했다.

"그럼 잘됐다. 우리 촐랑이에게 조금만 나눠 줘. 그 정돈 해 줄 수 있겠지?"

"그래, 고아 촐랑이의 삼촌이 될 수 있는 흔치 않은 기회야."

미리도 거들었다. 정신을 차려 보니 당당이는 촐랑이에게 열심히 제 먹이를 게워 주고 있었다.

정말로 봄이 오고 있었다. 원정을 떠났던 개미박사님 일행도 돌아왔다. 군데군데 얼음이 녹아 물구덩이가 생기고, 새끼 펭귄들은 맘대로 기어 나갔다가 다시 붙들려 오곤 했다. 신기하게도 비슷한 시기에 태어난 새끼들인데도 덩치 차이가 컸다. 촐랑이보다 덩치가 두 배 가까이 큰 녀석은 장군이, 빨빨거리며 돌아다니기를 좋아하는 용감이, 친구들에게 잔소리하길 좋아하는 아기 펭귄 이름은 똘똘이였다.

"그런데 늘 궁금했어. 너희는 대체 여기서 뭘 하니?"

새끼를 키우는 것도 아니면서 늘 돌멩이를 품고 다니며 어슬렁거리는 당당이와 땡땡이의 사연이 궁금해졌다.

내 과거는… 말 안 할래. 그저 아기 펭귄들이 좋아서 곁에 있는 것뿐이야.

당당이가 조용히 대답했다. 당당이가 아빠인지, 엄마인지도 헷갈렸다. 어쨌든 짝이 없는 외톨이였다.

"땡땡이 넌 인기도 많았을 거 같은데, 왜 여기서 이러고 있어?"

지난겨울은 몹시 추웠지. 나에게 온 구혼자가 많았어. 날 두고 암컷 셋이 싸웠지. 내가 추운 겨울 동안 아기를 키우며 잘 버틸 수 있을 거라 본 거지. 난 제일 맘에 드는 암컷과 결혼했는데, 아직도 그날의 춤을 잊지 못해.

그녀가 말했지. 당신만 믿고 나는 이제 바다로 가요. 내가 물고기를 잔뜩 잡아 올게요. 그러니 정신 똑바로 차리고, 알에서 눈을 떼지 말아요. 떨어뜨리지도 말고, 졸지도 말고, 힘들면 저기 하늘을 봐요. 해가 뜨지 않는 밤마다, 나를 닮은 달이 떠 있을 거예요. 그 달이 흐릿해지면, 내가 돌아올게요. 그때까지, 안녕.

"그런데 네 짝은 어딨어? 다들 짝꿍이랑 임무를 교대하는데 여기서 뭐 해?"

땡땡이는 목을 길게 빼고는 구슬프게 울었다.

아무리 기다려도 그녀는 돌아오지 않았어. 모두들 새끼 펭귄을 키우느라 정신이 없었지. 우리 아기도 태어났어. 얼마나 귀엽던지! 사냥을 마친 암컷들이 돌아왔는데 그녀만은 돌아오지 않았어. 통통했던 내 몸은 3분의 1로 줄어 있었지. 더는 서 있기도 힘들더라.

"네 아기는? 어떻게 됐어?"

펭귄 초유를 짜내 먹였지만, 아기는 더 달라고 빽빽 울고, 더는 나올 것이 없었어. 아기는 더 이상 울지도 않고 졸기만 했어. 달이 뜨면 자기를 생각하라고 했는데….

아라는 땡땡이의 이야기를 듣다 눈물이 났다. 그랬구나. 무리와 섞이지 못했던 둘은 늘 붙어 다녔고, 아기 펭귄들이 태어난 뒤에는 그들 주위를 맴돌았다.

아기 펭귄들을 보고 있으면 기분이 좋아. 내 아기가 생각나. 지켜 주고 싶어.

배 주머니 속 펭귄들은 점점 덩치가 커졌다. 비록 아빠 펭귄의 감시하에 있긴 하지만, 아기 펭귄들의 놀이도 조금씩 늘어났다.

비글호 대원들은 매일 팀

을 나누어 아기 펭귄들의 숫자, 생태를 조사하고 기록했다. 낮이 점점 길어지면서 풍경도 변했다.

　봄이 되면 바다가 가까워져. 얼음 땅을 떠났던 친구들도 돌아오고.

　바다의 거인 대왕고래도, 사나운 사냥꾼 물범들도.

　당당이가 말했다. 바다가 가까워진다는 건 얼음 땅이 녹아 바다까지 걸어가는 길이 조금씩 줄어든다는 말이었다.

　쉬이이익, 끼이이익, 끼룩끼룩, 끼이이익.

　어딘가 등골을 오싹하게 만드는 울부짖음이 들려왔다. 잿빛 날개로 희뿌연 하늘을 가르며 거대한 갈매기 몇이 날아오고 있었다.

도둑갈매기다! 다들 새끼에게서 눈을 떼지 마.

아기를 돌보던 황제펭귄들이 깃털을 바짝 곤두세운 채 경고를 했다. 남극의 봄을 알리는 첫 번째 전령은 바로 남극도둑갈매기였다.

1년을 참고 기다렸다, 헤헤헷!

도둑갈매기의 소리는 새끼 펭귄들을 움츠러들게 했다. 그들이 날개를 펼치고 낮게 비행하면, 마치 죽음의 그림자가 드리운 것 같았다. 구부러진 부리는 순식간에 연약한 새끼들의 살을 찢고 조각낼 수 있을 만큼 무시무시했다.

배가 고파! 내 새끼들이 굶고 있다고!

도둑갈매기들도 새끼를 낳기 위해 남극으로 왔다. 그들은 토실토실한 새끼 펭귄을 노렸다. 새끼들은 바로 아빠 주머니에 숨었다. 그러나 늘 못 말리는 말썽꾸러기나 호기심쟁이가 있기

마련이다. 맙소사, 그게 바로 촐랑이였다!

왜 그래요? 놔 줘요! 놔 줘! 아파, 아파요!

무시무시한 도둑갈매기가 촐랑이의 뒤통수를 꽉 물고는 질질 잡아끌었다.

겁도 없이 촐랑대는구나. 오늘 내 밥은 너다!

황제펭귄 부리는 크게 동요했다. 고개를 빼꼼히 내밀고 밖을 바라보던 새끼 펭귄들은 공포에 질려 더 깊이 숨었다.

봐, 아무도 널 돕지 않아. 널 내주면 다른 새끼들은 안전하니까. 그러니 포기해.

촐랑이는 깃털을 쥐어뜯기면서도 끈질기게 버텼다. 다른 아기 펭귄은 겁을 먹고 도망치기 바빴다.

그러고는 저들끼리 무리를 짓고 강하게 저항했다.

왜 그러세요! 놔 주세요! 내 친구를 괴롭히지 마세요!

남극의 얼음 폭풍이건, 무서운 사냥꾼이건, 위협에 맞닥뜨리면 서로 뭉치는 것, 하나하나가 모여서 거대한 집단을 이루는 것, 그것이 그들의 생존법이었다.

촐랑아, 총알! 총알을 써!

똘똘이와 장군이, 용감이는 촐랑이를 응원했다. 촐랑이는 정말이지 맷집이 좋았다!

놔! 안 놔? 내 총알 맛, 보고 싶어? 발사!

촐랑이는 꽁지깃을 쳐들더니 물똥을 마구 갈겨 대기 시작했다. 용기를 내서 용감이, 똘똘이, 장군이도 몰려와 촐랑이 옆에 같이 나란히 섰다.

아기 펭귄 군단! 정렬, 준비, 발사! 에잇, 뿌지지직, 찍! 찍! 쭈악!

촐랑이를 붙들고 놓지 않던 도둑갈매기는 물똥을 뒤집어쓰자 진저리를 쳤다.

아니, 감히 내게 물똥을 갈겨? 퉤퉤퉤!

도둑갈매기의 깃털이 젖거나 그대로 얼어붙으면, 그건 재앙이었다. 도둑갈매기는 몸에 붙은 물똥을 떼어 내기 바빴다.

이 까불이 녀석아! 이리 오렴. 넌 다 된 밥이야.

이번엔 다른 도둑갈매기가 날아와 촐랑이를 쪼았다. 촐랑이는 그대로 나동그라졌다. 도둑갈매기가 촐랑이의 내장을 파먹으려고 부리를 내리꽂으려던 그 순간,

"내가 애 아빠다! 죽고 싶으냐?"

펭귄 수트를 입은 아라가 옆차기로 날아왔다. 무시무시한 분노의 발차기였다. 아라는 몰려든 도둑갈매기 떼를 지느러미 날개로 마구 후려쳤다.

"주먹 지르기, 얍! 앞차기! 얍. 얍."

내 새끼가 굶고 있어! 나도 아기를 키워야 한다고! 나도 엄마야!

정신없이 공격을 당한 도둑갈매기는 푸득거리며 항변했다.

"흥! 다른 데 가서 알아봐. 펭귄 똥을 먹든지, 얼음이나 쪼든지 알아서 해. 내가 눈을 시퍼렇게 뜨고 있는 한, 우리 졸랑이는 못 데려간다!"

아라의 발차기와 지느러미 날개 후려치기 연타에 도둑갈매기들은 도망치고 말았다.

"졸랑아, 괜찮니? 내가 얌전히 주머니에 있으랬지!"

졸랑이는 무사했다. 다만 뒤통수에 우스꽝스러운 큰 구멍이 생기고 말았다.

미안해, 미안해요, 아빠.

졸랑이가 아라의 품에 와락 안겨 들었다. 아빠라는 말을 듣자, 아라는 가슴이 뭉클했다. 졸랑이와 아라는 서로 껴안고 펑 펑 울었다.

아저씨, 삼촌! 촐랑이 살았어요? 우리랑도 놀아 줘요! 나도 안아 줘.

용감이, 장군이, 똘똘이도 몰려와 뺵뺵거리며 울어 댔다.

당당 삼촌! 땡땡 삼촌! 나 죽을 뻔했어요. 이상한 아줌마가 막 깃털을 잡아 뽑고. 엉엉.

촐랑이가 삼촌들 품에서 깃털을 비비며 울어 댔다.

오, 이 신통한 녀석. 잘 버텼구나. 도와주고 싶었지만, 어쩔 수 없었어.

당당이와 땡땡이도 목을 길게 뽑아서는 촐랑이를 들여다보았다.

영광의 상처

"아니, 그걸 보고만 있었단 말야? 어른 펭귄이면서!"
누군가는 녀석들의 밥이 되어야 하니까. 우리는 늘 이렇게 살아왔어.

"안 되겠다. 새끼 펭귄들한테 호신술을 가르쳐야겠어. 너희들 이리 모여!"

아라가 새끼 펭귄들을 모두 불러들였다.

"흩어지면 죽고, 뭉치면 사는 거야. 블리자드엔 옹송그림, 알겠니?"

네~! 도둑갈매기엔 주먹 지르기! 날개 때리기! 물똥 갈기기!

아라의 태권도 품새 시범이 이어졌다. 주로 지느러미 날개를 사용한 동작이었다. 펭귄의 짧은 다리로는 발차기 기술은 도저히 불가능했다.

졸지에 펭귄 아빠이자, 유치원 보모이자, 호신술 교사가 된 아라는 열심히 펭귄들을 가르쳤다. 그 뒤로 아기 펭귄들은 아라만 보면 졸졸졸 쫓아다녔다.

"촐랑이가 야무지고 귀엽지만, 여전히 또래에 비해 너무 작아."

"봐, 친구들도 무시하고 안 놀아 주잖아."

와니와 미리가 속삭였다. 촐랑이가 뽈뽈대며 친구들에게 먼저 다가가면, 대부분은 덩치가 작은 촐랑이를 쪼아 대거나 무시하기 일쑤였다. 아라가 촐랑이를 데리고 앞에 나섰다.

"이봐요, 땡땡 삼촌! 당당 삼촌! 나랑 얘기 좀 해요."

아라의 시선은 자연스럽게 바람을 등지고 서서 햇볕을 쬐며 깃털을 고르고 있는 아름다운 황제펭귄에게 멎었다. 땡땡이었다.

"우리 촐랑이가 이렇게 작은 거, 어떻게 생각하세요?"

아니, 나보고 어쩌라고?

"어른으로서 책임감 안 느껴요? 같은 황제펭귄 종족으로 펭귄애 몰라요?"

아, 물론 난 촐랑이를 좋아해, 황제펭귄 종족으로서. 무척 아끼지.

"사냥 다녀왔죠? 빨랑 촐랑이한테 밥 좀 주세요. 그 정도는 해 줄 수 있잖아요?"

아, 뭐. 물론이지. 아기 펭귄에게 밥을 줄 수 있지, 꿀렁! 우웨에에엑~! 꿀렁!

삼촌! 더 주세요, 냠냠. 꿀떡꿀떡! 어머나, 오늘은 오징어네

요. 냠냠, 이건 어디서 잡으셨어요? 어머나 신선해라.

촐랑이는 땡땡이 삼촌이 게워 준 밥을 맛있게도 받아먹었다. 그때 멀리서 사냥을 마치고 잔뜩 비대해진 몸으로 돌아오는 당당이가 보였다.

당당이 삼촌, 오셨군요! 얼마나 기다렸다고요. 밥 좀 주세요. 3일을 굶었어요. 알다시피 제가 고아잖아요. 아라 아빠는 정말 착하지만, 사냥은 할 줄 모르세요. 냠냠. 어머나, 남극빙어인가요? 통째로 가져오셨네요, 감사합니다.

촐랑이는 배 터지게 밥을 얻어먹고도 당당이에게 매달렸다.

"삼촌은 무슨! 더 이상 삼촌 갖고는 안 돼요!"

그 모습을 바라보고 있던 아라가 소리를 꽥 질렀다.

"아빠를 하세요. 엄마를 하든가요. 당신들은 부모가 될 수 있어요!"

아라가 단호한 목소리로 말했다. 황제펭귄 얼굴은 온통 까만 깃털로 덮여 있어서 무슨 생각을 하는지, 어떤 감정인지 알아차리기 어려웠다. 약 30초간 당당이와 땡땡이는 우두커니 서 있기만 했다.

쩡! 쩌어억, 쩡! 풍덩!

갑자기 어디선가 귀를 찢는 것 같은, 세상이 온통 무너지는 것 같은 소리가 들렸다. 대폭발인지, 지진인지, 아니면 세상의 종말이 다가오는 소리인지도 몰랐다. 아기 펭귄들은 소스라치게 놀라 숨었다. 덩치가 커다래진 아기 펭귄들은 머리통만 아빠 펭귄에게 묻고는 바들바들 떨었다.

"무슨 일이야? 어디서 무너지고 터지는 소리가 났는데?"

개미박사님이 황급히 달려왔다.

"흠. 별일 아닐세. 얼음이 녹아서 빙산 조각이 떨어져 내리는 소리였어. 아니, 생각해 보니 이거 참 별일이로군."

다윈박사님이 주변의 지질과 대기를 레이저로 스캔했다. 수만 년을 잠들어 있던, 단단한 얼음 빙산이 쪼개져 갈라지는 소리였다. 빙벽은 얇은 조각처럼 갈라져 얼음 바닷속으로 미끄러져 떨어졌다.

아빠, 무서워요. 꼭 안아 주세요.

어느새 달려온 촐랑이도 본능적으로 머리만 배 주머니에 집어넣은 채 바들바들 떨었다. 잠시 후 촐랑이는 다시 따뜻해지고 평화로워졌다. 따뜻한 품에 안겨 있으니까 이 세상 누구도 나 촐랑이를 해칠 수 없다는 자신감과 용기가 솟아났다.

사랑해요.

다시 세상이 평온해졌을 때, 촐랑이는 고개를 길게 빼고 바라보았다. 당당이와 땡땡이, 촐랑이의 새로운 부모가 된 펭귄 둘이 부드러운 눈빛으로 촐랑이를 내려다보고 있었다. 당당이와 땡땡이가 서로 마주 보고 길게 노래했다. 둘이 마주 선 그 모습이 꼭 하트 모양 같았다. 하트 안에는 작은 촐랑이가 있었다.

나도. 나도. 우리도 너를 사랑해.

셋은 목을 길게 빼고 한참이나 하늘에 떠 있는 아름다운 달을 구경했다.

7. 남극 브이로그

 남극 탐험대는 마침내 3개월의 긴 여정을 마치고 철수했다. 늦은 밤, 비글호는 하늘을 날고 있었다. 개미박사님은 늦은 시간까지 보고서를 마무리하는 중이었다.

[케이프 워싱턴 보호구역 보고 자료]
 …약 5,000쌍의 펭귄 무리에서 태어나, 독립할 수 있는 성체까지 자란 개체는 전체의 약 15퍼센트에 불과합니다. 지난해 1만 마리에 달하는 모든 새끼가 익사했던 스마일리섬에서의 대참사에 비하면 희망적이라고 봐야 할까요? 0퍼센트에서 15퍼센트나 뛰었으니, 그만하면 괜찮다고 해

야 할까요? 이 보고서에 해답은 없습니다. 오직 질문만 있습니다. 결론과 해답은 너무 명료해서 이미 우리가 알고 있기 때문일지 모르겠습니다. 우리 인간들이 멈추지 않는 한 비극은 계속될 것입니다. 그렇다면 황제펭귄의 미래도 어두울 수밖에 없습니다. 우리 앞에는 두 개의 버튼이 있습니다. 인류의 미래를 바꿀 중요한 결정입니다. '계속'과 '멈춤'이라는 버튼입니다. 우리는 어떤 버튼을 눌러야 할지 답을 알고 있지만 아무도 그걸 누르려 하지 않고 있습니다….

개미박사님은 보고서를 마무리하고 비글호를 한 바퀴 돌아보았다. 모든 게 잘 돌아가고 있었다. 마지막으로 아이들 방을 점검했다. 강치도, 제비도, 핀도, 구복이도 세상 달콤한 잠에 빠져 있었다.

"우리 촐랑이 무사히 늠름한 황제펭귄이 되거라…."

아라가 잠에 취한 목소리로 중얼거렸다. 촐랑이 꿈을 꾸는 모양이었다.

텅 빈 연구실에서는 '남극 브이로그'라는 제목의 영상이 플레이되고 있었다. 알 카메라는 스스로를 알이나 돌멩이로 위장하면서 황제펭귄을 쫓아다녔다. 영상은 개미박사님이 와니와 호야를 데리고 암컷 황제펭귄의 이동 경로를 조사하기 위해 외부 탐사를 나간 시점에 촬영된 것이다.

7번 카메라는 흔들흔들하다 하늘을 나는 듯 갑자기 항공샷을 보여 주기 시작했다. 그리고 도착한 곳은 촐랑이 흉터의 주인공, 도둑갈매기 아줌마의 둥지였다.

으하하합, 얘들아, 엄마가 커다란 알을 구했단다!

갈매기 새끼들이 가짜 알이라는 것을 알고 화를 냈다. 도둑갈매기 아줌마도 화가 나서 알 카메라를 던져 버렸다. 그런데 이게 어찌나 튼튼하게 만들었는지, 땅에 떨어져서도 의연하게 굴러 굴러 굴러 황제펭귄들이 독립하는 날의 절벽 근처까지 굴러와 멈춘 것이었다.

바야흐로 2월, 완연한 봄이다. 얼음이 녹고 바다에는 물고기와 크릴새우, 오징어가 넘쳐 난다. 아기 펭귄들이 독립하기에 딱 좋다. 어른 펭귄은 몇 보이지 않고, 새끼들끼리 뭉쳐서 논다. 이제는 보호자가 없이도 꽤 멀리까지 돌아다닐 수 있고, 매서운 도둑갈매기가 와도 스스로 방어할 수 있다. 어른과 아이의 중간쯤, 사람으로 치면 청소년이라고나 할까. 털갈이 중이라 군데군데 아기 같던 회색 솜털이 빠지고, 늠름한 황제펭귄의 상징과도 같은 뻣뻣한 검은색 방수 깃털이 나오고 있었다. 얼음이 녹기 전에 방수 깃털 옷으로 갈아입는 것은 좋다지만, 털갈이 중의 펭귄은 정말이지 엄청 못생겼다. 꼭 부스럼이나

부분 탈모가 생긴 것처럼 몸의 여기저기 털이 뭉텅이로 빠져서 전체적으로 얼룩덜룩한 모습이다.

앗, 저 익숙한 뒷모습은? 비글호 탐험 대원이라면 수많은 펭귄 중에서 단 한 마리의 펭귄을 바로 알아볼 수 있을 것이다. 사랑은 수백 가지 중에서 그 하나를 바로 구분할 수 있게 한다. 모두가 응원하고, 사랑하고, 함께 젖을 먹여 키웠던, 바로 그 말썽꾸러기 펭귄 촐랑이 말이다.

배고파 배고파 배고파 배고파 배고파.

케이프 워싱턴의 모든 펭귄들은 시끄럽게 빽빽 울어 댔다.

아기 펭귄들은 모르고 있었다. 이제 엄마도 아빠도 돌아오지 않는다. 그들은 부모의 역할을 다하고 떠나 다시는 돌아오지 않을 것이다.

난 갈래. 여기 있다간 뱃가죽이 들러붙겠어. 걸으면 밥 생각이 덜 날 거야.

장군이가 씩씩하게 길을 나섰다. 펭귄들은 주저하다가 슬금슬금 둘씩 셋씩 짝을 지어 장군이를 따라 무작정 걷기 시작했다.

우리 어디로 가는 거야?

몰라. 그런데 느껴져. 어디선가 계속 우리를 부르는 소리가.

너도 그래? 나도 그래. 귀에서는 소리가, 입에서는 짭쪼름한 맛이 나.

엄마가 그랬는데, 황제펭귄의 영혼은 얼음 바다에서 왔대.

바다가 뭐야?

나도 몰라. 딱 보면 안대. 바다는 우리 황제펭귄들 영혼의 고향이래.

우리 아빠가 그곳에 가면 날 수 있다고 했어.

풉, 펭귄이 난다고? 누가 그런 거짓말을 해? 우리가 갈매기냐? 날게?

촐랑이와 친구들은 이런저런 수다를 떨며 늘 그렇듯 줄을 지어 행진했다. 줄지어 행진하는 건 황제펭귄의 DNA에 새겨진 습성이었다.

마침내 3일을 걸어 그들은 황제펭귄들의 영혼의 고향에 도착했다. 바다. 저기가 바다다.

크다… 엄청나게 거대하고 깊고 푸른데? 저게 바다야?

끝이 없는데? 위는 하늘이고 아래는 바다야. 그런데 둘이 다른 거야?

그들은 영혼이 부르는 소리에 이끌려 이 거대한 바다로 걸어왔다. 대대로 그들의 형제자매들이 여행을 시작하는 바로 그 장소였다. 아기 펭귄은 제 키의 다섯 배쯤이나 되는 얼음 절벽에 서서 짙고 푸르고 깊은, 바다를 내려다봤다.

야, 밀지 마! 떨어질 뻔했잖아!

이거 생각보다 너무 높은데? 이제 어떡하지?

그때 멀리서 어디서도 들어 본 적 없는, 그러나 무척 낯익은 긴 울음소리가 들렸다. 저 멀리 바다를 가르며 거대한 무언가가 다가왔다. 첨벙! 거대한 물보라와 함께 무시무시한 어떤 것이 바다 위로 힘차게 솟구쳐 올랐다. 혹등고래였다.

어서 오게, 용감하고 위엄 있는 친구들.

거대한 몸이 수면에 부딪혀 떨어지자, 얼음 조각들이 산산이 부서져 튀었다. 펭귄들은 부르르 몸을 떨었다.

바다가 우리의 영혼의 고향이 맞나 봐. 저런 아름다운 거인도 살고.

저 깊고 검은 곳에 무슨 괴물이 숨어 있을 줄 알고?

저곳은 말랑하고 물컹물컹할 거 같애.

뭐? 우린 딱딱한 얼음 바닥밖에 모르잖아. 바닥이 말랑하다니, 그게 무슨 뜻이야?

왜, 우리 빙산 쪼아 먹으러 갈 때 봤던 물웅덩이. 그런 거 아닐까?

펭귄들은 몇 시간이나 토론에 토론을 거듭했다. 사실은 먼저 들어가기 겁나서였을 뿐, 그래 봤자 쓸모없는 이야기일 뿐이었다. 그때 남극치곤 포근한 한 줄기 봄바람과 함께 작달막한 귀

여운 펭귄 하나가 아장아장 걸어왔다. 귀여운 까만 얼굴 한가운데, 마치 흰 바둑알을 올려놓은 것처럼 또렷하게 눈동자가 콕 찍혀 있었다.

꽥! 꽥! 꾸와아아악! 으허허헙! 꽥!

어휴, 뭐라는 거야? 꼬마야, 근데 너 몇 살이니? 귀엽다. 우리말 못 하나 봐. 근데 성질이 엄청 사나워.

그때 출랑이가 한 발 앞으로 나섰다.

내가 먼저 갈게. 땡땡이, 당당이 아빠가 늘 해 줬던 말, 우리는 모두 훌륭한 황제펭귄이 될 거란 그 말을 기억해.

출랑이는 친구들에게 뭔가 감동적인 긴 연설을 들려주고 싶었지만, 친구들은 듣는 둥 마는 둥, 배고픔과 두려움 사이에서 갈팡질팡하는 중이었다.

나는 황제펭귄의 후예로서, 내 영혼은 바다로부터… 으아아 악! 꿱! 꾸악!

　촐랑이가 길고 긴 감동적인 연설을 하던 도중, 이상한 펭귄이 달려들어 순식간에 덮쳤다. 이 괴짜 녀석은 촐랑이를 그대로 밀어 떨어뜨렸다.

　살인마! 너 지금 내 친구 촐랑이를 죽인 거야?

　내 거야! 다 내 거! 이 땅은 내 땅!

　괴짜 펭귄은 촐랑이를 밀어 버린 뒤에도 태연했다. 더 놀라운 것은 끔찍한 쇳소리로 펭귄 말을 하는 것이었다.

　다 나가! 내 땅이야! 봄부터 이 땅은 나 아델리펭귄의 것이야!

녀석은 황제펭귄들을 쪼아 대며 위협했다. 펭귄들은 이리 피하고 저리 피하기 바빴다. 그나마 남아 있던 마지막 솜털이 뭉텅이로 빠져서 폴폴 날아다녔다.

어휴, 진짜 우리한테 왜 이러세요? 그만 쪼세요! 아프다고요!

그 순간, 절벽 아래서부터 익숙한 목소리가 들려왔다.

친구들아, 푸파푸파, 여기야, 여기! 우리의 고향, 꼬르르륵, 바다라고. 어서 들어와!

촐랑이였다. 촐랑이는 죽은 게 아니었다. 어느새 촐랑이는 물속을 헤엄치고 있었다. 얼음판에서 뒤뚱뒤뚱, 걸핏하면 넘어지던 그 촐랑이가 아니었다.

정말이야! 여기 들어오면 우리도 날 수 있어! 푸파푸파, 날봐.

촐랑이는 친구들 앞에서 헤엄치기 시작했다. 바닷속이었지만, 그 모습이 정말 하늘을 나는 것 같았다. 물고기처럼 익숙하게, 고래처럼 자유롭게, 도둑갈매기처럼 능숙하게, 바다를 날아다녔다.

풍덩 풍덩 풍덩! 첨벙 첨벙!

촐랑이의 부름에 답이라도 하듯, 마침내 황제펭귄 무리가 차례로 절벽에서 뛰어내렸다. 황제펭귄들은 얼음보다 익숙한 바다의 감각을 온몸으로 받아들였다.

　흥! 겁쟁이들, 덩치만 커다래서는. 내가 안 밀었음 절벽에서 굶어 죽었을 거야. 에헴.

　아델리펭귄은 제 공을 뽐내기라도 하듯, 긴 발자국을 남기며 어디론가 바쁘게 사라졌다.

　거기서 브이로그가 끝났다. 어느덧 잠에서 깬 아이들이 모니터 앞에 옹기종기 모여 있었다. 아라가 눈물을 훔치며 말했다.

　"촐랑이가 정말 자랑스러워."

　"첫 독립의 순간을 지켜보다니, 삼촌으로서 뿌듯하군."

끼야아아호오오-!

그때 모니터에서 황제펭귄을 클로즈업한 사진이 떠올랐다. 너무나 선명해서 살아 움직이는 것 같았다. 사진은 흰돌고래 벨루가와 벵갈호랑이, 북극여우의 얼굴로 천천히 바뀌었다.

"뭔가 이상해. 보고 있으면 아름다운데 그냥 슬프다."

"꼭 다시는 못 볼 것처럼."

"설마 그런 건가? 멸종 위기 동물들?"

화면은 마지막에 멈춰서 더 움직이지 않았다. 그건 침팬지의 얼굴이었다.

"우와, 침팬지다!"

"너랑 닮았어, 우끼끼! 이거 네 거울 아니냐?"

아이들은 원숭이 흉내를 내며 서로 놀려 댔다.

"그렇지. 우리는 서로 닮았지."

뒤돌아보니 개미박사님이 서 있었다.

"거울이란 말도 맞지. 침팬지를 잘 들여다보면, 어쩌면 우리 인간이 누군지 더 잘 알게 될지 몰라. 우리는 아주 닮았거든."

정말 우리는 닮았을까? 주름지고 창백한 피부, 하트 모양 이마와 온몸을 덮은 짙은 털, 호기심 어린 깊은 갈색 눈동자로 우리를 빤히 쳐다보는 저 원숭이가? 비글호의 다음 목적지는 아프리카 탄자니아, 침팬지가 사는 숲이다.

 ## 에필로그

  알리사는 트럭을 타고 어디론가 가고 있었다. 낡았지만 바퀴가 튼튼하고 커서 어떤 험한 길이든 거침없이 달리는 차였다. 누군가 트럭에 알록달록 예쁜 그림을 그려 놓았다.
  구불구불하던 길은 점점 좁아지더니, 울창한 숲과 강을 지나 빽빽한 밀림으로 향하고 있었다.
  "지난번처럼 무서운 아저씨들이 지키고 있으면 어떡해?"
  알리사 옆에 앉은 곱슬머리 소녀가 속삭였다. 아이들은 10살부터 15살까지, 옷차림과 얼굴, 피부색도 각양각색이었다. 모두 품 안에 작은 묘목 하나씩을 안고 있었다.

"괜찮을 거야. 우린 아이들이잖아."

몇 해 전부터 거대한 산불이 계속해서 일어났다. 불길이 한 번 번지면 숲을 다 태우고서야 사그라들었다. 석 달 넘게 불타는 숲도 있었다. 정부와 기관에서는 불가항력적인 원인 불명의 기후 재난이라고 발표했다.

"불가항력적이란 게 뭐야?"

"자기 탓이 아니라는 거."

해마다 거대한 숲이 사라지고, 수많은 동식물이 함께 사라지고 있는데도, 어른들은 이유도 모르고 대책도 없다는 것이었

다. 이 혼란을 틈타 누군가 일부러 불을 지른다는 소문도 있었다. 숲이 훼손된 그 자리에 차근차근 거대 기업의 농장과 목재 공장이 들어서는 걸 보면 그저 소문이 아닐 수도 있다.

"저 아저씨들은 군인일까, 경비원일까?"

이윽고 저 멀리 철책으로 둘러싸인 황폐한 숲이 나타났다. 험상궂은 표정의 두 남자가 총을 들고 지키고 있었다. 나무들이 모두 잘려 나가고 불타 버린 자리엔 시꺼멓게 드러난 흙과 재뿐, 아무것도 없었다. 군인 하나가 다가와 소리쳤다.

"안 돼. 여기 오면 안 돼. 돌아가."

군인과 인솔 선생님 사이에 몇 차례의 실랑이가 있었지만, 불타 버린 숲에 나무를 심겠다는 걸 막을 근거는 없었다. 군인은 어디론가 무전을 하기도 하고, 내내 인상을 썼다. 결국 못 본 척 허락해 주었다.

아이들은 학교에서 배우고 연습한 대로, 나무를 심기 시작했다. 처음에는 긴장해서, 다음부터는 힘이 들어서, 아무도 수다를 떨지 않았다.

한 명당 한 그루를 심었느냐고? 아니. 트럭에 실린 상자에는 수십 그루의 묘목이 더 있었다. 아이들은 트럭과 황무지 언덕 사이를 오가며 묘목을 나르기 시작했다. 아이들 얼굴에 땀방울

이 맺히고, 옷은 점점 진흙으로 더러워졌다. 발이 푹푹 빠지는 곳도 있었다. 이 작은 묘목들은 어디서나 잘 자라고, 빠르게 뿌리를 내린다. 처음에는 물을 아주 많이 줘야 한다. 알리사와 곱슬머리 친구 루나는 커다란 물통을 같이 들고 옮기기 시작했다.

"조금만 더, 조금만, 힘내…."

강철 같은 용기를 가졌지만, 사실 한 줌도 안 되는 두 말라깽이 아이들은 비틀비틀 서로에게 의지하며 무거운 물통을 들고 걸었다. 알리사의 샌들은 바닥에 붙어 쩍쩍 미끄러지고, 루나의 허리띠는 점점 흘러내렸다. 그때였다.

"이리 내."

갑자기 털북숭이 억센 손이 불쑥 들어왔다. 아이들이 뭐라고 대답하기도 전에, 군인은 총을 한쪽으로 돌려 메고는 성큼성큼 물통을 들고 앞장서서 걸었다.

마침내 일이 끝났다. 무사히 임무를 마친 아이들은 다시 트럭에 올라탔다. 불타 버린 숲 귀퉁이에 아이들이 옮겨 심은 묘목 동산이 하나 덩그러니 생겨났다. 어딘가 어설프고 괴상해 보였다.

"우리는 '나무를 심는 아이들'이에요."

몇 걸음 걷다 말고 뒤돌아선 알리사가 말했다.

"그래. 알았다."

굳은 얼굴의 군인은 무뚝뚝하게 대꾸했다.

"다음에 또 올게요. 그땐 서로 인사해요."

"알았다고. 빨리 가."

알리사와 친구들은 덜컹거리는 차 안에서 뒤를 돌아보았다. 어슬렁거리던 군인들이 경계선 안으로 사라졌다.

"또 뽑기만 해 봐라. 한 그루를 뽑으면, 열 그루를 심을 거야."

알리사가 주먹을 꽉 쥐며 중얼거렸다.

"이번엔 열 명, 다음엔 스무 명, 그다음엔 백 명."

루나도 키득대며 맞장구쳤다.

아이들은 홀가분한 마음으로 트럭에서 하나둘씩 뛰어내렸다. 어디선가 맛있는 스튜 냄새가 났다. 근처의 작은 농장에서 직접 재배한 뿌리와 잎채소들로 만든 것이었다. 알리사와 루나는 멀리 집을 떠나왔지만, 그 냄새를 맡자 고향에 돌아온 기분이 들었다.

"오늘 점심은 침팬지박사님이 만들어 주셨어. 다들 씻고 와서 앉자."

그날의 수업을 마친 아이들은 까르르 웃으며 수돗가로 달려갔다. 침팬지박사님의 머리칼은 은색이었고, 엄마 침팬지처럼 온화했고 절대 화를 내는 법이 없었다. 그녀는 아이들이 달려간 곳을 한참 바라보더니 류와 대화를 나눴다.

"씨앗을 찾는 일은 어떻게 돼 가고 있지요?"

"아직 시간이 좀 더 필요하지만, 희망을 가져도 될 것 같습니다."

"씨앗을 찾는 일에 지구의 미래가 달려 있어요. 우리가 여기에 오래 머물 순 없으니까요."

알리사와 루나가 제일 먼저 식탁으로 달려와 앉았다. 알리사는 처음 봤을 때부터 침팬지박사님이 그냥 좋았다.

"씨앗들은 자신의 힘을 깨달아야 해."

침팬지박사님은 알리사와 루나의 뺨에 흐르는 물방울을 손바닥으로 닦아 주며 속삭였다.

개미박사의 생물학 교실

펭귄의 종류

분류 기준은 몸 크기, 털 색깔, 머리 모양, 무늬 등!

 펭귄은 남극, 남아메리카 같은 남반구에서 무리 지어 생활하는 조류야.

조류라고 하기엔… 날개가….

"우리 날개가 어때서!"

펭귄의 날개는 물속에서 헤엄치는 데 도움이 되는 지느러미로 진화했어. 6,000만 년 전 화석 속 펭귄도 날지 못하는 날개를 가진 걸 보면, 아주 오래전에 일어난 진화로 볼 수 있단다.

펭귄의 종류는 몸의 크기, 부리나 머리 모양, 깃털 색깔이나 무늬 등에 따라 나눠진단다. 대략 6속 18종 정도로 구분하고 있어.

 우리가 만났던 황제펭귄은 크기가 큰 종류인 거죠?

맞다. 황제펭귄과 임금펭귄은 황제펭귄속에 속해. 이 둘은 크기가 가장 크고 체중이 많이 나가는 펭귄의 종류야.

황제펭귄속(*Aptenodytes*)

황제펭귄은 키가 120센티미터 정도로 펭귄 중에 가장 커. 목부터 귀까지 노란 띠가 있는 게 특징이야.

"엄마!"

임금펭귄은 키가 95센티미터 정도야. 생김새는 황제펭귄과 비슷한데, 노란색 띠의 모양이 달라. 새끼 때 털이 갈색인 것도 황제펭귄과 다른 점이지.

젠투펭귄속(Pygoscelis)

젠투펭귄

아델리펭귄

턱끈펭귄

젠투펭귄속은 붓처럼 생긴 긴 꼬리 때문에 '붓꼬리펭귄'이라고도 불러. 젠투펭귄은 펭귄 중 꼬리가 가장 길고, 양쪽 눈 위부터 머리를 가로지르는 흰무늬와 붉은 부리가 특징이야. 아델리펭귄은 눈 주위에 흰 털이 있어서 눈이 더 또렷해 보이지. 턱끈펭귄은 이름대로 턱에 검은 줄무늬가 있어.

왕관펭귄속(Eudyptes)

왕관펭귄속은 목이나 머리에 노란색 털이나 볏이 있는 펭귄들로 7~8종류가 있어.

볏왕관펭귄 / 스네어스펭귄 / 마카로니펭귄

쇠푸른펭귄속(Eudyptula)

쇠푸른펭귄

털색이 신비로워요!

그래서 쇠푸른펭귄을 요정펭귄이라고 부르는 사람들도 있지. 흰날개펭귄은 야행성이라는 특성이 있어. 이 두 펭귄은 모두 키가 30센티미터 정도로 아주 작아.

흰날개펭귄

줄무늬펭귄속(Spheniscus) & 노란눈펭귄속(Megadyptes)

아프리카펭귄

줄무늬가 특징인 줄무늬펭귄속 중 아프리카펭귄의 모습이야. 이름처럼 남아프리카공화국 인근에서 살지.

노란눈펭귄

눈 주변에 노란 털이 특징인 노란눈펭귄속의 노란눈펭귄은 멸종 위기에 처했고, 와이타하펭귄은 이미 멸종됐단다.

더 이상 사라지는 종이 없도록 노력해야겠어요!

★ 개미박사의 생물학 교실 ★

펭귄의 생김새

♦ 남극 생활에 최적화된 몸

펭귄의 독특한 외모는 모두 환경에 적응한 결과란다.

다리가 이렇게 짧으면 불편할 것 같은데, 이것도 이유가 있나요?

겉으로 보이는 다리는 짧지만, 해부학적으로는 긴 다리를 가지고 있어. 다리의 상당 부분이 몸 안쪽으로 들어간 거지. 그래서 걸을 때 불편할 수 있지만, 열 손실을 최소화할 수 있어. 짧지만, 얼음 위에서도 미끄러지지 않는 발이라 걷는 데 도움이 돼. 또 펭귄 발에는 '원더네트(wonder net)'는 특수 혈관 구조가 있어. 동맥과 정맥이 그물처럼 촘촘하게 얽힌 구조로 발이 얼지 않게 해 주지.

혹시… 저 통통한 뱃살도 추위를 피하기 위한 건가요?

배 부분이 흰색이라 더 통통해 보여요. 흰색인 이유도 있을까요?

남극의 평균 기온은 영하 20~50도 정도야. 추울 때는 영하 80도까지 떨어진다고 하니 어마어마한 추위지. 펭귄의 몸통은 그 추위를 이겨 낼 수 있는 두꺼운 지방층으로 이루어졌어. 이 지방층 위를 덮고 있는 깃털은 촘촘하고 단단해서 물을 튕겨 내는 방수 기능이 있지. 또 검은색과 흰색 털은 눈과 얼음뿐인 남극에서 보호색 역할을 한단다.

출랑이가 바다에 뛰어들던 장면이 기억나니?

꼭 하늘을 나는 새 같았어요!

맞다. 펭귄의 날개는 하늘이 아니라 물속에서 잘 날 수 있게 진화했어. 유선형의 몸은 물에 잘 뜰 수 있게 해 주고, 날개가 물고기의 지느러미나 배의 노 같은 역할을 한단다.

 펭귄의 눈에는 '순막'이라는 투명한 눈꺼풀이 있어. 물안경처럼 찬 바람과 바닷물로부터 눈을 보호하지.

수영할 때 눈은 순막이 막아 주고, 귀는요?

눈에는 잘 보이지 않지만, 펭귄에게는 귀를 보호하는 귀깃(*Ear Patch*)이 있어서 귀를 막아 주지.

 펭귄의 부리는 펭귄의 먹이인 물고기, 오징어, 크릴새우 같은 걸 잡아먹기 좋게 진화한 모습이야. 펭귄은 이빨이 없다는 특징도 있지.

 이빨이 없는데 물고기를 어떻게 먹죠?

펭귄은 위 속에 자잘한 돌을 넣고 다닌단다. 돌들에 물고기가 부딪히면서 잘게 부서지는 거지.

이 돌들 때문에 몸이 무거워져서 잠수에도 도움이 되지. 황제펭귄 한 마리의 위 속에 대략 4.5킬로그램의 돌이 들어 있단다.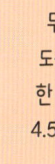

 감기 걸린 펭귄이 콧물을 흘리고 있는 건가요?

아델리펭귄이 염분을 배출하고 있는 모습이란다.

펭귄이 수영 중에 물을 마시거나 먹이를 먹어서 흡수한 소금이 눈 위쪽에 있는 염류샘이라는 곳으로 모여서 코를 통해 배출하는 거야.

귀엽다고만 생각했던 생김새가 환경에 적응하기 위한 노력의 결과였군요!

개미박사의 생물학 교실
재미있는 펭귄 용어

✦ 다시 찾아온 개미박사표 한글 번역

번식터(Rookery)

황제펭귄 번식터

황제펭귄은 5,000마리에서 1만 마리가 무리를 지어 사는 사회적 동물이지. 펭귄의 집단 번식 장소나 번식 군집을 번식터라고 불러.

검은 점들이 너무 많아서 펭귄의 머리가 아니라 눈 녹은 땅인 줄 알았지? 혹독한 날씨에서 살아남기 위해 펭귄은 공동체 생활을 잘한단다.

펭귄 유치원(Crèche)

새끼 황제펭귄 무리

알에서 부화한 지 약 4주 무렵이 되면 새끼들의 소규모 집단이 곳곳에 생기는데 이걸 크레슈라고 해. 모여서 같이 크는 거지.

펭귄 유치원 말이죠!

그렇지. 몇몇 어른 펭귄들이 지켜 주거나 생존에 필요한 행동을 알려 주기도 해.

펭귄 초유(Penguin Milk)

부모 펭귄은 새끼가 태어나면 펭귄 초유를 뱉어 줘. 위에 저장된 먹이와 녹은 위 점막이 섞여 있는데 새끼의 생존에 필요한 영양소가 있지.

땡땡이가 촐랑이에게 먹인 살이 위 점막이었군요! 펭귄들 정말 대단해요!

지느러미 날개(*Flipper*)

지느러미 날개

펭귄의 손일까, 날개일까 헷갈리는 이 부위는 지느러미 날개라고 불러. 펭귄이나 물범 같은 동물이 수영할 때 사용하는 넓적한 지느러미 모양의 발을 뜻해.

물범 / 나도 있어!

펭귄 썰매(*Tobogganing*)

 지느러미 날개는 펭귄 썰매로 이동할 때도 유용하게 쓰이지.

당당이가 알려 준 펭귄 썰매 이동법!

펭귄 썰매로 이동하는 황제펭귄

얼음이나 눈 위에서 배를 깔고 엎드린 상태에서 몸을 미끄러뜨리며 이동하는 방식이지. 빠르게 이동할 수 있는 데다가 에너지도 절약할 수 있어.

옹송그림(*Huddling*)

 옹송그림은 우리가 황제펭귄을 제일 처음 만났을 때 봤던 장면을 부르는 말이야. 허들링이라는 영어 단어로 많이 알려져 있지.

옹송그림은 추위를 피하기 위해 황제펭귄이 거대한 원으로 모여 있는 걸 말해. 서로 몸을 밀착하고 천천히 주위를 돌며 체온을 유지하지.

 그러다 바깥쪽에 있는 펭귄의 체온이 낮아지면 안쪽에 있던 펭귄과 자리를 바꿔.

가장 안쪽의 온도는 37도까지도 올라간다고 해. 협력의 힘이 얼마나 대단한지 알 수 있겠지?

 배려하고 양보하는 공생이네요!

개미박사의 생물학 교실

황제펭귄의 여행

★ 번식을 위한 기나긴 여정

황제펭귄은 남극에 사는 동물 중 유일하게 내륙 한가운데로 이동해서 번식을 하는 동물이야.

황제펭귄이 원래 내륙에서 사는 동물은 아니라는 얘긴가요?

맞아. 원래 황제펭귄은 바닷가에서 물고기와 크릴새우를 잡아먹으며 살지. 그러다 번식을 위해 50킬로미터에서 때로는 수백 킬로미터를 걸어 내륙으로 이동하는 거야.

매년 3~4월이 되면 바닷가에 흩어져 살던 황제펭귄들이 거대한 공동체를 이루며 새끼를 키우기 좋은 보금자리로 이동하기 시작하지.

어떤 장소가 좋은 보금자리죠?

일단 여름까지 녹지 않는 단단한 얼음 위. 그리고 겨울 동안 초속 50미터의 강한 바람을 막아 줄 수 있는 커다란 얼음 절벽이나 빙산이 있는 곳이지.

걷다가 힘들면 펭귄 썰매도 타면서 1~2달 동안 이동한단다.

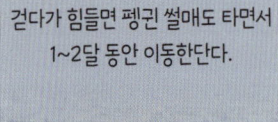

보금자리에 도착하면 짝짓기를 해서 암컷이 알 한 개를 낳아. 이때부터 수컷은 알을 자신의 발 위에 올려놓고 품기 시작해. 약 2개월 동안 먹지도 않고 알을 품는단다.

암컷은 모두 먹이를 찾으러 바닷가로 다시 이동하는 거죠?

맞아. 수컷은 알을 품는 동안 체중이 40퍼센트 이상 줄어들지.

2개월 만에 새끼가 알에서 나오면, 수컷 황제펭귄은 위 속에 남아 있던 먹이와 위 점막을 토해서 새끼를 먹여.

멀리 먹이를 구하러 갔던 암컷이 돌아와서 먹이를 나눠 준 후에는 다시 수컷이 먹이를 찾아 떠나지. 이렇게 암수가 번갈아 바다에서 먹이를 구해 와서 새끼를 키워.

먹이를 구하기 쉬운 바닷가에 번식하면 되잖아요? 왜 이렇게 힘들게 멀리 이동해서 알을 낳고 키우는 걸까요?

알과 새끼를 최대한 안전한 곳에서 돌보려는 전략이지. 펭귄의 포식자인 물범이나 범고래가 쫓아올 수 없는 장소니까.

또 새끼 황제펭귄의 솜털은 방수 기능이 없어. 생후 10개월이 돼야 물속에서 헤엄쳐도 안전한 털로 털갈이가 되지. 그 전까지 바다에서 떨어진 안전한 내륙에서 키우는 거지.

지구 온난화로 남극의 얼음이 녹으면서 황제펭귄의 서식지가 점점 줄어들고 있어서 100년 안에 멸종할 거라고 예측하기도 해.

걱정이네요….

개미박사의 생물학 교실

남극의 생태 위기

✿ 펭귄이 사라지고 있다?

남극은 지금 기후변화로 심각한 생태 위기를 겪고 있어.

얼음이 녹아내리는 남극

일단 남극의 얼음이 녹아내리는 문제가 있어. 얼음이 녹으면 남극 동물들의 서식지가 위협받지. 특히 얼음 위에서 알을 낳고 새끼를 기르는 황제펭귄에겐 치명적이야.

남극의 얼음은 태양의 빛 에너지를 대기로 반사하고, 물 온도를 식혀 주는 등 지구의 온도를 조절하는 역할을 해. 이런 얼음이 사라지면 바다는 더 많은 빛을 흡수해 따뜻해지고, 얼음은 더 많이 녹게 되지.

얼음이 녹으면 해수면이 상승하고, 해안 지역의 종 분포가 변화하게 돼. 해안 지역을 휩쓰는 폭풍해일이 발생할 가능성도 커지지. 펭귄뿐만 아니라 다른 해양 동물도 멸종 위기에 처하게 되지.

이렇게 되면 남극에 사는 동물은 더 추운 지역으로 이동해야 해. 이때 생태계의 변화에 적응하지 못한 동물은 멸종하게 될 거고.

녹아내리는 빙하에 갈 곳을 잃은 동물들

특히 어린 펭귄이 지구온난화 때문에 생존에 위협을 받고 있어. 남극의 기온이 올라가 눈보다 비가 내리는 날이 많아졌기 때문인데, 새끼 펭귄은 털에 방수 기능이 없어 비를 맞으면 체온이 떨어져. 이때 어른 펭귄이 없거나 먹이를 구하러 갔으면 새끼 펭귄은 저체온증으로 목숨을 잃게 돼.

다들 어디 갔어?

다시는 귀여운 펭귄을 못 볼 수도 있는 거잖아요! 저희가 할 수 있는 건 없을까요?

일단, 일회용 플라스틱 사용을 줄여야 해. 우리가 아무렇지 않게 쓰고 버리는 플라스틱이 모여 커다란 섬이 되고, 남극의 플랑크톤이 미세 플라스틱을 섭취하고 있어.

바다를 떠다니는 플라스틱 쓰레기

텀블러를 챙겨 일회용 컵과 빨대를 사용하지 않고, 가방을 이용해 비닐 쓰레기를 만들지 않는 것도 하나의 방법이지. 쓰레기는 꼭 분리해서 버리고.

바다거북 코에 빨대가 박혀서 괴로워하는 영상을 본 적 있어요.

또 최대한 대중교통을 이용하고, 사용하지 않는 전기 콘센트를 뽑는 등 에너지 사용을 줄여야 해. 혹시 '탄소 중립'이라는 말 들어봤니?

인간 활동에 의한 탄소 배출량을 줄이고, 흡수량을 올려서 배출량이 '0'이 되는 것. 맞죠?

맞아. 전기나 가스 등 에너지 사용량을 줄이면 그만큼 탄소 배출량을 줄일 수 있어.

지속 가능한 미래를 위한 탄소 중립

하지만 저 혼자 실천한다고 해서 남극을 보호할 수 있을까요? '나 하나 바뀐다고 뭐가 달라지겠어?'라고 생각할 수 있지만, 한 사람 한 사람이 모이면 정부와 기업에 영향을 미치고, 사회적 변화를 이끌어 낼 수 있어.

우리의 식탁 위로 돌아온 플라스틱

남극의 생태 위기는 동물의 멸종만 불러오는 게 아니야. 지구 전체의 기후변화와 연결되어 있기 때문이지. 우리가 버린 쓰레기가 결국 우리의 식탁으로 돌아오는 거야.

전 지구적인 기후변화 문제를 해결하려면 국제적인 협력과 지속 가능한 환경 정책이 필요해. 남극 지역의 변화를 계속 모니터링하고, 생태계 보전과 지속 가능한 관리 방안을 모색해야 해.

남극을 보호할 수 있도록 꾸준히 환경문제에 관심을 가지고, 실천해야겠어요!

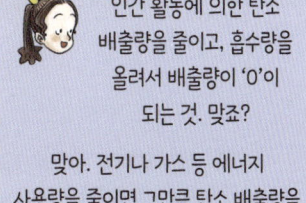

새끼 황제펭귄들은 다 어디로 가 버린 걸까?

16쪽

황제펭귄의 번식지인 남극 해빙(바다 얼음)이 급격히 유실되며 2022년에만 무려 1만 마리에 달하는 새끼 황제펭귄이 목숨을 잃은 것으로 관측된다. 새끼는 솜털이 빠지고 방수 기능이 있는 성체의 깃털을 갖춰야 수영과 잠수가 가능하다. 그런데 해빙이 너무 일찍 녹아 버린 탓에 새끼 펭귄들이 물에 빠지거나 얼어 죽은 것으로 보인다. 영국 남극조사국(BAS)은 위성 사진을 통해 남극 반도 서쪽 부분에 자리한 벨링스하우젠해 근처에서 발생한 사건을 발표했다. 해빙의 면적이 줄거나 빨리 녹아 버리면 황제펭귄 새끼들은 살아남기 힘들다. 남극의 여름을 기준으로 해빙 면적은 2016년부터 급격히 감소하고 있다. 2022~2023년 여름에는 벨링스하우젠해 부근에 얼음이 거의 얼지 않아 매우 심각한 상황이다. 이러한 기후변화는 남극 생태계를 파괴하고 펭귄의 생존을 위협하고 있다.

펭귄 배설물인 갈색의 구아노는 우주에서도 관측되며 펭귄의 개체수를 추정하는 데 이용된다. 남극조사국은 유럽연합 관측 위성 사진을 확보해서 흰 얼음 위에 남겨진 구아노를 포착해 이들의 상태를 살펴보는데 지구 온난화로 인해 남극의 해빙이 사라지면서 2100년대 말이면 황제펭귄 군락의 약 90퍼센트가 번식에 실패해 사실상 멸종할 것으로 예측되고 있다.

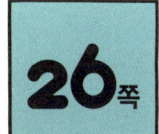

눈을 퍼 넣어 전기를 만드는 눈 발전기가 진짜 있을까?

'눈을 넣어 전기를 만드는 발전기'는 아직 없다. 그러나 얼음과 물의 상태와 온도 차이를 이용하여 전기를 생산하는 특별한 형태의 발전기를 상상할 수 있다. 물의 온도 차이, 열에너지로 전기를 만드는 기술을 열전(熱電, Thermoelectric) 기술이라고 한다. 열전 발전기(Thermoelectric generator)는 열전효과의 일종인 제베크효과(Seebeck effect)를 이용해 온도 차이를 직접 전기에너지로 변환하는 장치다. 열전 발전기의 열전소자에서 전하 운반자가 따뜻한 면에서 차가운 면으로 이동하면서 전류가 발생한다.

보통 발전소에서는 열을 전기로 만들기 위해 물을 끓이거나 증기를 만들어 터빈을 돌려서 전기를 얻지만 열전 기술을 이용하면 부가적인 장치 없이 직접 전기를 만들 수 있다. 열전 발전기는 고장이 적고, 크기를 작게 만들 수 있다는 장점 덕분에 화성 탐사선이나 사막 등 극한의 상황에서 사용하기 적합하다. 앞으로도 에너지 효율과 환경을 고려하여 새로운 발전 기술이 개발될 것으로 기대된다.

남극에서는 시체가 썩지 않는 게 사실일까?

남극의 매우 낮은 기온과 건조한 기후는 시체의 분해를 지연시킬 수 있다. 그러나 '썩지 않는다'는 표현은 단순하게 과장한 표현이다. 남극의 추위로 인해 유기물의 분해 과정이 둔화되고 낮은 온도에서는 박테리아와 다른 분해 생물이 활동하기 어려워져서 시체의 분해 속도가 느려진다. 남극의 추운 지역에 일시적으로 시체가 썩지 않는 기간이 존재할 수 있다. 그러나 남극도 여름에는 빙하가 녹고 미세 생물들이 가득한 물웅덩이들이 생기기도 한다. 박테리아, 곰팡이 등 다양한 미생물들은 낮은 영양 상태에서도 생존할 수 있는 능력과 항산화 작용 등 극한 조건에서 생존하는 특별한 전략을 갖추고 있어서 남극에서도 활동이 가능하다.

아직 남극에서 발견된 미생물의 종류와 생태에 대한 연구는 많이 부족한 상태지만, 지구 환경 변화 및 기타 과학적인 목적으로 중요하게 생각되어 활발한 연구가 진행되고 있다. 남극의 생태계는 매우 취약하기 때문에 외부로부터의 유입이나 변화가 생태계에 심각한 영향을 미칠 수 있다. 그렇기 때문에 남극에서의 연구를 포함한 인간 활동은 환경보호 및 지속 가능한 관리를 고려하여 매우 신중하게 이루어져야 한다.

남극에도 여름이 오면 이끼나 작은 식물이 자랄 정도로 따뜻해지는 곳들이 있다.

엄마 오리를 졸졸 따라다니는 아기 오리들

새끼 펭귄이 인간을 부모로 여길 수도 있을까?

'각인'은 어떤 동물이 첫 번째로 마주치는 개체를 자기 부모로 인식하거나 사회적으로 인정하는 현상을 의미한다. 펭귄과 같은 조류, 양, 염소 등 생후 수 시간 내에 걸을 수 있는 동물에서 흔히 볼 수 있는 현상이다. 닭이나 오리는 부화 후 바로 어미 새의 뒤를 쫓는 행동을 한다. 어미 새가 아니더라도 각인된 개체 혹은 형태를 쫓기도 한다. 각인이 일어나는 시기는 부화 후 24시간 이내로 뇌의 발육 초기에 감각 자극에 의해 뇌에 각인되는 것으로 추정된다.

펭귄은 자연에서 부모와의 강력한 유대를 형성하는 사회적인 동물로 인간을 부모로 인식하게 되는 것은 흔치 않은 일이다. 대부분의 펭귄은 자신의 종에 속하는 펭귄을 부모로 인식하며 성장한다. 또 인간과 펭귄 간에는 생리학적, 행동학적 차이가 크기 때문에 펭귄이 인간을 부모로 여기는 것은 실제로는 거의 불가능하다. 그러나 동물 행동 및 인지 연구에서는 각인의 변형이나 예외적인 상황이 발생하는 경우도 종종 보고된다. 따라서 특정 상황이나 환경에서 어린 펭귄이 다른 종의 동물이나 인간을 부모로 여기는 경우가 발생할 수 있는 가능성이 아예 없다고 단정할 수는 없다. 이야기에서는 조류의 각인 효과를 재미있는 에피소드로 푼 것이라고 생각하면 좋겠다.

물속에서 수영 중인 아프리카펭귄 무리

137쪽

펭귄은 정말 물속을 날아다닐까?

펭귄은 공중에서는 날지 못하지만 물속에서는 훌륭한 수영 선수다. 아주 오래전에는 펭귄도 하늘을 날았던 것으로 알려졌다. 펭귄은 남극이 형성되기도 전인 약 6,000만 년 전에 비행 능력을 잃고 잠수 능력을 갖추게 되었다고 한다. 덕분에 펭귄의 날개는 딱딱하고 평평한 물갈퀴처럼 변형되었고 날개깃은 물을 차단하는 방수 역할을 하게 됐다. 가슴뼈는 마치 날개가 지느러미처럼 물속에서 움직이기 편하도록 변형되었다.

펭귄은 물속에서 시속 35~40킬로미터까지 헤엄칠 수 있다. 펭귄의 날개는 바늘처럼 가는 털로 덮여 있어서 피부와 물 사이에 공기를 모아 헤엄칠 때 마찰을 줄인다. 또한 펭귄은 물속에서 헬기와 같은 회전익기(동물대탐험 2권 175쪽 참고)가 프로펠

러를 수직으로 만들어 멀리 날아갈 수 있는 '페더링'이라는 움직임을 통해 추진력을 얻는 것으로 밝혀졌다. 펭귄은 날개 각도를 조정하는 페더링을 통해서 물속에서 추진력을 얻고 이런 날개의 움직임 덕분에 방향 조절은 물론 출발과 멈춤도 자유자재로 할 수 있다.

펭귄은 잠수 실력도 뛰어난데 보통 90미터 깊이까지 잠수할 수 있다. 일부 펭귄의 경우는 400~500미터까지 내려가는 것으로 알려졌다. 과학자들이 황제펭귄 20마리에게 꼬리표를 붙여서 1년 동안 위성으로 추적 조사를 해 본 결과 모두 9만 6,000번 이상 잠수했고, 잠수 시간은 최대 32분이라고 하니 정말 새가 아닌 물고기라고 해도 과언이 아니다.

최재천

평생 자연을 관찰해 온 생태학자이자 동물행동학자. 서울대학교에서 동물학을 전공하고 미국 펜실베이니아주립대학교에서 생태학 석사학위를, 하버드대학교에서 생물학 박사학위를 받았다. 10여 년간 중남미 열대를 누비며 동물의 생태를 탐구한 뒤, 한국으로 돌아와 자연과학과 인문학의 경계를 넘나들며 생명에 대한 지식과 사랑을 널리 나누고 실천해 왔다.

서울대학교 생명과학부 교수, 환경운동연합 공동대표, 한국생태학회장, 국립생태원 초대원장 등을 지냈다. 현재 이화여자대학교 에코과학부 석좌교수로 재직 중이며 생명다양성재단의 이사장을 맡고 있다. 《개미제국의 발견》, 《생명이 있는 것은 다 아름답다》, 《다윈 지능》, 《열대예찬》, 《최재천의 인간과 동물》, 《과학자의 서재》, 《생태적 전환, 슬기로운 지구 생활을 위하여》 등을 썼다. 2019년 총괄편집장으로서 세계 동물행동학자 500여 명을 이끌고 《동물행동학 백과사전》을 편찬했다. 2020년 유튜브 채널 〈최재천의 아마존〉을 개설해 자연과 인간 생태계에 대한 폭넓은 이야기를 전하고 있다.

황혜영

대학에서 불문학과 영화시나리오를 공부했다. 도서, 만화, 영상, 캐릭터 등 다양한 콘텐츠 분야에서 스토리텔러와 작가로 활동했다. 고양이 넷, 뚱뚱한 닥스훈트 하나, 거북이 둘과 초록이 가득한 곳에서 느긋하게 산다. 지은 책으로 《올빼미 시간탐험대》 시리즈와 《열두 살의 임진왜란》 등이 있고, 번역한 책으로는 《무슈장》, 《만월》, 《국가의 탄생》 등이 있다.

박현미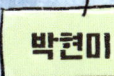

제주 출생. 대학에서 산업디자인을 전공했다. 오래도록 애니메이션 업계에서 일했다. 극장용 장편애니메이션 〈마당을 나온 암탉〉, 〈언더독〉에서 미술 조감독으로 일했다. 어릴 적 꿈은 화가, 권법소녀, 로빈슨 크루소였고 요즘에는 만화가로 살고 있다. 언젠가는 직접 손으로 오두막집을 짓고 닭을 키우며 살기를 꿈꾸고 있다. 좋아하는 것은 만화, 고양이, 노래, 도서관, 뜨개질, 트레킹, 떡볶이. 직접 쓰고 그린 책으로는 환경 만화 《멋진 지구인이 될 거야 1, 2》가 있다.

안선영

식물 생태와 에코 과학(융합 과학)을 전공하고 생명다양성재단 사무차장/책임연구원과 이화여대 에코과학부 연구원으로 일하고 있다. 열 살 아들과 열 여섯 살 시츄, 국립공원에서 일하는 남편과 백봉산 아래 자연과 친구 삼아 살고 있다. 과학을 대중들에게 쉽게 전달하기 위해 생활식물생태학, 바닥식물원 등 강연과 전시 활동을 지속하고 있다.

꽃을 흉내 내는 사마귀,
똥을 흉내 내는 벌레 등
재미있는 '의태'의 세계로!

강한 자만 살아남는다고?
느리고 약한 나무늘보도
자신만의 방법으로 살아남지!

남방큰돌고래, 귀신고래,
돌묵상어, 숨새, 해마,
먹장어 등 신비로운
바다 친구들이 기다려!

인간보다 훨씬 먼저
농사를 짓기 시작한 천재
개미들의 세계로 직접
들어가 보자!

3달 동안 먹지도 눕지도 않는 눈물 겨운 황제펭귄의 육아 현장으로!

어마어마하게 크고, 어마어마하게 다정하고, 어마어마하게 기억력이 좋은 코끼리들이 살고 있는 칼라하리 사막으로!

인간과 유전자의 99퍼센트가 같은 침팬지! 제인구달 선생님의 강력 추천 도서도 함께!

최재천의 동물대탐험

5 황제펭귄의 행진

초판 1쇄 발행 2024년 3월 5일
초판 4쇄 발행 2025년 11월 18일

기획 최재천 **글** 황혜영 **그림** 박현미 **해설** 안선영
펴낸이 김선식

부사장 김은영
어린이사업부총괄이사 이유남
책임편집 이현정 **디자인** 남정임 **책임마케터** 안호성
어린이콘텐츠사업5팀장 이현정 **어린이콘텐츠사업5팀** 조문경 마정훈 조현진 강민영
어린이마케팅본부장 최민유 **어린이마케팅1팀** 안호성 이예주 김희연 **기획마케팅팀** 류승은 박상준
저작권팀 성민경 이슬 윤제희 **편집관리팀** 조세현 김호주 백설희
재무관리팀 하미선 임혜정 이슬기 김주영 오지수
인사총무팀 강미숙 이정환 김혜진 황종원
제작관리팀 이소현 김소영 김진경 유미애 이지우 황인우
물류관리팀 김형기 김선진 주정훈 양문현 채원석 박재연 이준희 문명식

펴낸곳 다산북스 **출판등록** 2005년 12월 23일 제313-2005-00277호
주소 경기도 파주시 회동길 490 **전화** 02-704-1724 **팩스** 02-703-2219
다산어린이 공식 카페 cafe.naver.com/dasankids **다산어린이 공식 블로그** blog.naver.com/stdasan
종이 스마일몬스터 **인쇄** 상지사 **후가공** 평창피앤지 **제본** 상지사
사진 www.shutterstock.com

ⓒ최재천·황혜영·박현미·안선영, 2024
ISBN 979-11-306-5100-2 74470 979-11-306-9425-2 (세트)

· 책값은 뒤표지에 있습니다.
· 파본은 본사 또는 구입한 서점에서 교환해 드립니다.
· KC마크는 이 제품이 공통안전기준에 적합하였음을 의미합니다.
· 아이들이 책을 입에 대거나 모서리에 다치지 않게 주의하세요.

책을 더 재미있게, 책을 더 오래 기억하는 방법
다산어린이 공식 카페에는 다양한 독서 활동 자료가 있습니다.
자료를 활용하여 아이들의 독서 흥미를 더욱 키워 주세요.